Josef F. Justen

AF194657

Glaubt ihr etwa, wir wären tot?!

Die 7 größten Irrtümer über das Leben der sogenannten »Toten«

Bibliografische Information der Deutschen Nationalbibliothek:
Die Deutsche Nationalbibliothek verzeichnet diese Publikation
in der Deutschen Nationalbibliografie; detaillierte bibliografische
Daten sind im Internet über dnb.dnb.de abrufbar.

Titelfoto: © Fotos auf pixabay

Herstellung und Verlag:
BoD – Books on Demand, Norderstedt

ISBN: 9783755701712

Die Toten starben nicht. Es starb ihr Kleid.
Ihr Leib zerfiel, es lebt ihr Geist und Wille.
Vereinigt sind sie dir zu jeder Zeit
in deiner Seele tiefer Tempelstille.

In dir und ihnen ruht ein einiges Reich,
wo Tod und Leben Wechselworte tauschen.
In ihm kannst du, dem eigenen Denken gleich,
den stillen Stimmen deiner Toten lauschen.

Und reden kannst du, wie du einst getan,
zu deinen Toten lautlos deine Worte.
Unwandelbar ist unsres Geistes Bahn
und ewig offen steht des Todes Pforte.

Schlagt Brücken in euch zu der Toten Land,
die Toten bau'n mit euch am Bau der Erde.
Geht wissend mit den Toten Hand in Hand,
auf dass die ganze Welt vergeistigt werde.

Manfred Kyber

Inhaltsverzeichnis

Vorwort

Seit Ende der 1950er-Jahre ist das Thema »Sterben und Tod« in unserem Kulturraum allmählich und schleichend tabuisiert worden. Diesen Trend konnte auch die sehr begrüßenswerte Hospizbewegung, die sich seit den 1980er-Jahren immer mehr verbreitet hat, nicht aufhalten.

Interessanterweise ist es oftmals so, dass mit einem alten Tabu gebrochen wird, wenn ein neues aufkommt.

Gebrochen wurde mit dem Tabu der Sexualität im Allgemeinen und mit den Themen Zeugung, Schwangerschaft und Geburt im Besonderen. Geburt und Tod sind ja im Grunde zwei analoge Vorgänge. Das, was man aus Sicht der Erdenwelt als Geburt bezeichnet, ist aus Sicht der geistigen Welt ein Tod. Der Tod ist aus dem Blickwinkel der geistigen Welt eine Geburt.

Bis weit in die 1950er-Jahre war es vielen Frauen noch regelrecht unangenehm, schwanger zu sein. Man sprach darüber nicht – insbesondere nicht mit den Kindern, die schon in der Familie waren. Ihnen wurde das Märchen vom »Klapperstorch«, der die Babys bringt, aufgetischt. Um diesen anzulocken, wurde ihnen empfohlen, abends Zucker auf die Fensterbank zu streuen. Millionen von Kindern, die sich ein Geschwisterchen wünschten, verfuhren nach diesem Motto. Sie wussten meistens bis kurz vor der Geburt nicht, dass sie ein Brüderchen oder Schwesterchen bekamen. Während die Hebamme ihre Mutter entband, warteten sie in einem Nebenzimmer. Erst wenn die Mutter dann den einen oder anderen Schmerzensschrei ausstieß, wurde das Geheimnis gelüftet. »Der Klapperstorch hat die Mama gebissen und ein Baby mitgebracht«, pflegte dann der Vater oder die Großmutter zu sagen.

Spätestens ab den mittleren 1960er-Jahren wurde die Sexualität nach und nach enttabuisiert. Der Aufklärungsunterricht hielt Einzug in den Schulen. Dafür wurde das Thema »Tod« immer mehr tabuisiert.

Man versucht heute, alles zu verdrängen, was mit diesem existentiellen Thema zu tun hat. Manche Menschen scheinen geradezu nach dem Motto zu verfahren, dass der Tod sie nicht ereilen könne, wenn man ihm nur keinen gedanklichen Raum gibt.

Vor kaum etwas anderem fürchten sich die Menschen heute so sehr wie vor dem Tod. Diese Furcht wird gegenwärtig im Zusammenhang mit der sogenannten »Corona-Pandemie« überdeutlich. Wir werden Tag für Tag mit dem Tod konfrontiert. Die Medien überbieten sich gegenseitig mit Schreckensmeldungen, Horrorszenarien und bedrohlichen Zahlen und Statistiken, die nahezu keinen unberührt lassen. Kaum ist die eine – *vermeintlich* höchst gefährliche – Infektionswelle verebbt, wird bereits die nächste ausgerufen.

Viele Zeitgenossen lassen sich von der weltweit geschürten Panik mitreißen und begrüßen die – zum Teil recht fragwürdigen – Maßnahmen, die von den meisten Regierungen getroffen worden sind. Die Mehrheit der Bürger hinterfragt die Maßnahmen nicht und setzt alles daran, um ja nicht mit dem Virus infiziert zu werden und ihm womöglich zum Opfer zu fallen. So haben die meisten auch keine Bedenken, sich gegen das Corona-Virus impfen zu lassen, obwohl die Impfstoffe nicht hinreichend getestet und mögliche Nebenwirkungen und negative Spätfolgen kaum absehbar sind. In dem Tod sieht man offensichtlich das Schlimmste, was einem Menschen überhaupt passieren kann.

Psychologen sprechen gerne von der »Urangst vor dem Tod«. Diese Formulierung suggeriert, dass die Menschen schon immer diese Angst gehabt hätten, dass sie quasi so alt wie die Menschheit selber wäre. Das entspricht aber *nicht* den Tatsachen.

In ganz alten Zeiten, die bereits etliche Jahrtausende zurückliegen, gehörte es zu den ganz *natürlichen* Fähigkeiten eines Menschen, hellsichtig in die übersinnlichen Welten schauen zu können. Die geistigen Wesen – etwa die Engel, aber auch die Seelen der Verstorbenen – waren für sie genauso real wie es ihre Mitmenschen waren. Bis vor etwa 2.000 Jahren waren etliche Menschen zumindest noch mit einer mehr instinktiven Hellsichtigkeit begabt. Selbst im Mittelalter war diese Fähigkeit ganz vereinzelt noch vorhanden. Daher wären die Menschen früherer Zeiten gar nicht erst auf die Idee gekommen, den Tod als einen *radikalen* Übergang von einer Daseinsform in eine andere und schon gar nicht als ein Ende ihrer Existenz aufzufassen. Sie hatten noch ein deutliches Bewusstsein, dass sie vor ihrer Geburt aus einer geistigen Welt herabgestiegen waren, in die sie nach dem Tod wieder hinaufsteigen werden. Das vorgeburtliche, das irdische und das nachtodliche Dasein war für sie *ein* großer gemeinsamer Lebensstrom. Diese Fähigkeit und dieses Bewusstsein mussten die Menschen nach und nach verlieren, um sich von der straffen Führung der ›Götter‹, derer sie einstmals bedurften, zu lösen. Nur so konnten sie ihr Erdenleben mehr und mehr ergreifen lernen und zu selbständig denkenden und frei handelnden Wesen werden.

Selbst im Mittelalter, als die Pest mit einer ungleich größeren tödlichen Wucht wütete als alle späteren und heutigen Krankheiten, hatte man diese Angst vor dem Tod nicht.

Bis in die 1950er-Jahre hatten die meisten Menschen noch eine recht natürliche und unverkrampfte Einstellung zum Tod. Es galt als eine Selbstverständlichkeit, dass ein Verstorbener, der daheim gestorben war, bis zur Beerdigung im Sterbehaus aufgebahrt wurde, so dass sich Verwandte, Freunde und Nachbarn von ihm in Ruhe und Würde verabschieden konnten. Am offenen Sarg wurde gebetet und aus der Bibel vorgelesen. Zumindest ahnten die Menschen noch instinktiv, dass diese Form des Abschiednehmens und Gedenkens auch für den Toten eine große Bedeutung hat. Heute ist es der Normalfall, dass der Leichnam gleich vom Bestatter abgeholt und in eine kalte und anonyme Leichenhalle gebracht wird. Mit dem Tod und auch mit den Toten möchte man nichts zu tun haben.

Warum hatte man diese Angst früher nicht?

In ganz alten Zeiten hatte man sie nicht, weil man noch eine ganz *lebendige Anschauung* von dem hatte, was nach dem Tod geschieht. Man *wusste*, dass der Lebensstrom in der geistigen Welt fortgesetzt wird. Insbesondere war den Menschen bewusst, dass sie sich nach geraumer Zeit wieder auf der Erde verkörpern werden.

Im Mittelalter und selbst noch bis in die 1950er-Jahre hatte man diese Angst nicht, weil die überwiegende Mehrheit der damaligen Menschen noch fest daran *glaubte*, dass es ein Leben nach dem Tod gibt. Natürlich wurden sie von den Kirchen im Ungewissen gehalten, was sie nach dem Tod *genau* erwarten würde. Allerdings konnten sie den kirchlichen Lehren entnehmen, dass es ihnen nach dem Tod zumindest nicht schlecht ergehen würde, sofern sie ein anständiges und gottgefälliges Leben geführt haben, was im Grunde bedeutete, wenn sie das gemacht haben, was die Kirche ihnen vorschrieb. Diese Hoffnung auf ein Leben im Himmel sorgte dafür, dass sie den Tod nicht fürchteten.

Wie schaut das heute aus?

Heute hat die Ideologie des Materialismus weite Teile der Gesellschaft derart verseucht, dass man nur bereit ist, an das zu glauben, was man selbst mit den eigenen Sinnen wahrnehmen und erkennen kann und was die Wissenschaftler erforschen und erklären können. Alles, was geistiger Natur ist und sich der Wahrnehmung mit den üblichen Sinnen entzieht, also geistige Welten und Wesen, verweist man ins Reich der Fabeln. Damit gleichen diese Menschen einem Blindgeborenen, der Licht und Farben für eine Illusion hält. Als eine Folge dieser materialistischen Gesinnung nimmt – namentlich in der westlichen Welt – die Anzahl der Menschen stetig zu, die davon ausgehen, dass die menschliche Existenz mit dem Tode ein unwiderrufliches Ende findet. Gemäß einiger Umfragen aus den letzten Jahren ist ein Drittel der Deutschen davon überzeugt, dass es *kein* Leben nach dem Tod gebe. Ein Drittel hält ein nachtodliches Leben zumindest für möglich, nur ein Drittel glaubt fest daran. Selbst unter den Katholiken sind es lediglich etwas mehr als 50 Prozent, die von einem Leben nach dem Tod *überzeugt* sind.

Aber auch unter den Zeitgenossen, die sehr wohl an ein Leben nach dem Tod glauben, kursieren noch etliche Irrtümer über das, was ein Verstorbener in den übersinnlichen Welten erlebt, was da auf ihn zukommt und was er dort durchzumachen hat. Die Vorstellungen, die heute viele Zeitgenossen mit dem Tod sowie mit dem Leben danach verbinden, sind ebenso gescheit wie die Mär vom Klapperstorch früherer Tage.

Die Intention dieses Buches ist es, die größten dieser Irrtümer aufzudecken und richtigzustellen.

Eine fundamentale irrige Ansicht, auf der viele andere basieren, ist, dass man glaubt, über das Leben nach dem Tod könne man nichts wissen. »Es ist schließlich noch keiner zurückgekommen« kann man in diesem Kontext immer wieder hören. Richtig ist vielmehr, dass es heute etliche Quellen gibt, in denen über das geschildert wird, was uns nach dem Tod in den übersinnlichen Welten erwartet. Man muss hierbei allerdings die Spreu vom Weizen trennen! In der *seichten* esoterischen Literatur sowie in den meisten Quellen, die auf *medialen Botschaften* basieren, lassen sich zwar durchaus zahlreiche Beschreibungen über das nachtodliche Leben finden, allerdings wird vieles durch die rosarote Brille gefiltert. Auch findet man dort häufig nur Halbwahrheiten.

Die Erkenntnisse, die in diesem Buch geschildert werden, stammen im Wesentlichen aus der *Anthroposophie*, der Geisteswissenschaft, die der große Eingeweihte und Geisteslehrer *Dr. Rudolf Steiner* vor 100 Jahren der Menschheit geschenkt hat. In keinem anderen Weltbild, in keiner anderen Geistesart findet man so umfassende Darstellungen geistiger Wahrheiten. Da die Ausführungen dieses Buches ganz wesentlich auf Rudolf Steiners Erkenntnissen basieren, soll er im Anhang (☛ S. 155ff.) etwas näher vorgestellt werden.

Ein weiterer besonders schlimmer Irrtum, der auf dem groben Vorurteil basiert, man könne über das nachtodliche Leben nichts wissen, besagt, unsere lieben Verstorbenen lebten in einer Welt, die fernab der Erdenwelt zu suchen ist, und wir könnten keinerlei Verbindung mehr zu ihnen finden. Es soll in dem zentralen und wichtigsten Kapitel dieses Buches (»*Der 7. Irrtum*«) vielmehr aufgezeigt werden, dass unsere sogenannten Toten uns regelrecht brauchen und dass wir unermesslich viel Segensreiches für sie tun können. Wenn man diese Schilderungen annehmen kann, ist es möglich, dass wir eine fruchtbare Lebensgemeinschaft mit ihnen pflegen können. Dazu ist es keinesfalls vonnöten, dass wir in der Lage sind, sie hellsichtig wahrzunehmen.

Es gibt für einen Verstorbenen kaum etwas Schlimmeres, als erleben zu müssen, dass die Menschen aus seinem Lebensumfeld, die er auf der Erde zurücklassen musste, nicht mehr ganz real mit seiner Existenz rechnen. Wenn wir ihre Stimme vernehmen könnten, so würden sie uns vermutlich zurufen: »Hallo! Glaubt ihr etwa, wir wären tot?! Helft uns, so wie wir euch auch helfen!«

Um dieses Buch auch für alle, die sich bisher nicht näher mit der Anthroposophie befasst haben, verständlich zu gestalten, ist hier *weitgehend* auf anthroposophische Fachausdrücke verzichtet worden. Insbesondere werden keine geisteswissenschaftliche Kenntnisse vorausgesetzt. Jeder Leser, der die Darstellungen, die in diesem Buch gegeben werden, unvoreingenommen und vorurteilsfrei aufzunehmen bestrebt ist, wird sie verstehen können.

Anmerkung:

»Alle Zitate von Rudolf Steiner sind in einer anderen Schriftart gedruckt, um auf den ersten Blick als solche erkannt zu werden.«

»Zitate von anderen Persönlichkeiten, Bibelverse und dergleichen sind kursiv gedruckt.«

»Man wird einmal rechnen mit dem,
was die Toten wollen für die Lebenden.
Ein gegenseitiger, man möchte sagen freier Verkehr
wird stattfinden zwischen Lebenden und Toten.
Man wird lernen das zu erforschen,
was die Toten wollen für den physischen Plan.«[1]

Der *größte* Irrtum

Die menschliche Existenz endet mit dem Tod unwiderruflich.

L assen Sie uns gleich mit dem ersten Irrtum beginnen, für den der Begriff »Irrtum« im Grunde viel zu schwach und verharmlosend ist. Man muss eigentlich vielmehr von einem *Unsinn* reden.

Wie im Vorwort erwähnt vertritt etwa ein Drittel der Deutschen die irrige Ansicht, dass es *kein* Leben nach dem Tod gebe. Ein weiteres Drittel hat zumindest noch gewisse Zweifel, ob die menschliche Existenz den Tod überdauert. Wir wollen in diesem Kapitel aufzeigen, wie es überhaupt zu einem solchen Irrtum kommen konnte.

Noch vor etwa einem Jahrhundert wäre es den weitaus meisten Menschen absolut absurd erschienen, wenn jemand die Behauptung aufgestellt hätte, dass die menschliche Existenz durch den Tod ausgelöscht werde, dass es also kein Leben nach dem Tod gebe.

In dieser Zeit war das Weltbild der Menschen noch stark von dem geprägt, was die Kirchen lehrten. Und die Tatsache, dass jeder Mensch auch eine postmortale Existenz erwarten dürfe, gehört zu den Grundpfeilern des christlichen Glaubens und auch aller anderen Religionen. Natürlich hatte man keine genauen Vorstellungen darüber, wie das nachtodliche Leben verläuft, was man da konkret erleben und erfahren werde, aber man hatte zumindest den festen Glauben daran, dass man nach dem Tod weiterlebt. Im Grunde war man sogar davon überzeugt, dass das Leben nach dem Tod weitergeht – wenngleich in einer ganz anderen Form.

Selbst die meisten Wissenschaftler hatten in dieser Zeit keinen Zweifel an dieser Tatsache.

Diese Sichtweise hat sich seitdem schleichend verändert. Heute leben wir auf dem Höhepunkt des Materialismus. Diese Ideologie verweist alles, was man nicht mit den eigenen Sinnen wahrnehmen, beobachten und studieren kann, ins Reich der Fabeln. Sämtliche Wissenschaften sind in unserer Zeit von dieser Weltanschauung infiziert. In ihren Lehren ist kein Platz mehr für geistig-göttliche Welten und Wesen. Diese bezeichnen sie als einen längst überwundenen Aberglauben, den die ›dummen‹, unaufgeklärten und unwissenden Menschen früher hatten.

Somit bestreiten sie auch, dass der Mensch nach dem Tod weiterlebt. Dabei ignorieren sie, dass es Menschen gibt, die über höhere Sinnesorgane verfügen, die sie begaben, Geistiges hellsichtig wahrzunehmen und zu studieren. Viele Wissenschaftler entblöden sich nicht, dasjenige, was Hellseher preisgeben, als Halluzinationen zu bezeichnen. Insbesondere halten sie es für einen Irrwahn, dass es Menschen wie etwa Rudolf Steiner gibt, die sich durch Intuition so in einen Verstorbenen hineinversetzen können, dass sie gewissermaßen dessen nachtodliches Leben mitverfolgen und miterleben können.

Der Mensch im Spannungsfeld zweier dogmatischer Systeme

Wenn also heute jemand ganz fest auf dem Boden der Naturwissenschaften stehen möchte, müsste er konsequenterweise alles ablehnen, was den üblichen Sinnen nicht zugänglich ist. Somit müsste er auch vieles von dem verwerfen, was die Kirchen lehren. Ein solcher muss die Hoffnung auf ein Leben nach dem Tod und auch den

Glauben an viele andere geistige Tatsachen, die – wie etwa die Auferstehung Christi – Eckpfeiler des christlichen Glaubens bilden, aufgeben.

Das konfessionelle Christentum, also die großen christlichen Kirchen, haben diesem materialistischen Strom nichts entgegenzusetzen. Sie appellieren immer noch daran, dass man alles Geistige nur aus reinstem Herzen *glauben* müsse. Die Zeit des Glaubens ist aber längst vorbei! Es ist heute von unermesslicher Bedeutung, dass die Menschen zu *Erkenntnissen* kommen. Solche können – oder wollen – die Kirchen aber nicht liefern. Das, was sie über das Leben nach dem Tod zu sagen haben (☞ Kapitel *»Der 2. Irrtum«*), ist mehr als dürftig und kann etliche Fragen nicht beantworten.

Wir Menschen befinden uns gegenwärtig zwischen den Mühlsteinen zweier dogmatischer Systeme: das konfessionelle Christentum sowie auch die meisten anderen Religionen auf der einen und die materialistischen Wissenschaften auf der anderen Seite.

Die wohl meisten Zeitgenossen sind der festen Überzeugung, dass sie sich in allen Fragen und bei allen Entscheidungen auf ihr *eigenes* Denken und Urteilen verlassen würden und nicht einmal im Ansatz autoritätsgläubig seien. Das entspricht aber in sehr vielen Fällen nicht der Wahrheit. Während die Menschen früher der Autorität der Kirche und des Staates vertrauten, vertrauen sie heute auf die Autorität der Wissenschaften. Dasjenige, was die Wissenschaftler lehren, *klingt* recht seriös, so dass man es gar nicht wagt, ihre Dogmen in Frage zu stellen. Die Mehrheit der Menschen in der europäisch-amerikanischen Welt ist geradezu wissenschaftshörig. Für viele ist die Wissenschaft eine moderne Religion.

Was das Thema dieses Buches angeht, so gibt es heute schon selbst unfassbar viele Christen, die nicht mehr ernsthaft von einem Leben nach dem Tod ausgehen. Die postmortale Existenz des Menschen wird von der Wissenschaft bestritten. Da viele Zeitgenossen sich ihrer Autorität unterwerfen, gibt es immer mehr, die diese unsinnigen Meinung übernehmen und womöglich sogar als Ergebnis ihres eigenen Denkens verkaufen. Etliche sind unsicher, was sich an Antworten auf die Frage, ob sie an ein Leben nach dem Tod glauben, wie: »Ich hoffe schon, aber es ist ja noch keiner wiedergekommen« oder »Wissen kann man es nicht, aber wir werden es ja eines Tages sehen« zeigt.

Das *wissenschaftliche* Menschenbild

Stellen wir uns einmal die Frage, woher es rührt, dass die Wissenschaftler ein nachtodliches Leben bestreiten.

Ob man von einer nachtodlichen Existenz des Menschen ausgehen oder ob man es als unsinnig bezeichnen muss, hängt ganz entscheidend von dem »Menschenbild« ab, das man vertritt. Es geht also um die Frage: Was ist der Mensch? Was ist das menschliche Wesen? Was zeichnet einen Menschen aus?

Wie beantworten heutige Wissenschaftler – namentlich die Biologen, Physiologen und Anthropologen – diese Frage? Was ist denn der Mensch nun aus Sicht der Wissenschaft?

Sie können in einem beliebigen Lexikon der letzten gut 100 Jahre oder auch im Internet nachlesen – Sie werden sinngemäß immer das Gleiche finden: Der Mensch – so heißt es – sei ein höheres Säugetier; er habe sich im Verlaufe der Evolution über viele Millionen Jahre aus den niederen Tieren immer höher entwickelt und stamme letztlich vom Affen ab. Im Grunde wird der Mensch also als ein hochentwickelter Affe definiert, der sich lediglich um ein paar Gensequenzen vom Menschenaffen unterscheide. Wie Sie sicher wissen, war es der britische Naturforscher *Charles Darwin* (1809 bis 1882), der vor rund 150 Jahren diese Sichtweise in die Welt gesetzt hat, die später von dem deutschen Zoologen und Philosophen *Ernst Heinrich Philipp August Haeckel* (1834 bis 1919) in Deutschland bekannt gemacht und zu einer speziellen Abstammungslehre ausgebaut wurde. Auch heute gilt diese Hypothese in vielen Kreisen noch als gesicherte wissenschaftliche Tatsache.

16

In neuerer Zeit treten immer mehr Wissenschaftler auf, die in dem Menschen nichts anderes als eine komplizierte ›Maschine‹, als einen ›biologischen, emotionsbegabten Roboter‹ sehen.

Es gibt heute einige Entwicklungen, die in eine sehr gefährliche Richtung gehen. Vielleicht haben Sie schon einmal etwas über den sogenannten »Transhumanismus« oder gar über den »Posthumanismus« gehört. Die in diesem Bereich tätigen Forscher und Technologen streben eine regelrechte Verschmelzung von Mensch und Maschine an. Darin sehen sie ein hohes Ideal. Diese Wissenschaftler identifizieren das Wesentliche des Menschen mit seinem Gehirn. Sie gehen von der wahnwitzigen Idee aus, eines nicht allzu fernen Tages einen ›perfekten‹, vielleicht sogar unsterblichen ›Menschen‹ *konstruieren* zu können, indem sie das menschliche Gehirn in einen hochleistungsfähigen Roboter einpflanzen, der nie müde und nie krank werden kann. Diese Forschungen sind schon weiter gediehen, als man vielleicht glauben mag. Das Ergebnis dieser Intentionen würde uns früher oder später in eine völlig geistlose und geradezu untermenschliche Welt führen.

Dass die Ansicht, der Mensch sei eine Maschine, sich schon zumindest ins Unterbewusstsein vieler Menschen eingenistet hat, sieht man an zahlreichen Formulierungen, die sich in unsere Umgangssprache eingeschlichen haben. Wenn sich jemand etwas sonderbar verhält, so sagt man: »Du hast wohl eine Schraube locker!«, »Du tickst nicht mehr richtig!« oder »Du hast wohl ein Rad ab!«. Wenn ein Mensch plötzlich ermüdet, hört man oft: »Mein Akku ist leer!«, »Mir hat jemand den Stecker gezogen!« oder »Mein Tank ist leer!« Im Zusammenhang mit der Implantation künstlicher Gelenke oder der Organverpflanzung spricht man vom »menschlichen Ersatzteillager«, in dem man sich bedient. In Sportreportagen heißt es häufig: »Der Spieler oder die Mannschaft muss jetzt mehr Gas geben.« Viele Athleten fassen es sogar als ein hohes Lob auf, wenn jemand über sie sagt: »Du bist eine Maschine!«

Wenn dieses Menschenbild richtig *wäre*, so wäre es auch völlig korrekt, dass man *nicht* von einer wie auch immer gearteten nachtodlichen Existenz des Menschen ausgeht. Schließlich kann man bei einem Affen – und erst recht nicht bei einer Maschine – davon sprechen, dass sie nach dem Tod weiterleben. Bei einer Maschine wäre sogar der Begriff »Tod« völlig unsinnig. So gesehen sind die Wissenschaftler durchaus konsequent. Wenn der Mensch ein Affe oder eine Maschine *wäre*, so gäbe es für ihn keine postmortale Existenz.

Des Weiteren halten die Wissenschaftler die Existenz immaterieller, übersinnlicher Welten bzw. Daseinssphären für religiöses oder spirituelles Geschwafel. Auch in diesem Punkt ist ihr Argument, es gäbe kein Leben nach dem Tod, folgerichtig. Wo sollte sich schließlich ein Verstorbener aufhalten, wenn es nur die sichtbare Erdenwelt gäbe?

In der Wissenschaft geht man also von *zwei falschen* Voraussetzungen aus, und falsche Voraussetzungen können niemals zu richtigen Schlüssen führen!

Unabhängig davon, ob man den Menschen nun eher als einen hochentwickelten Affen oder als eine biologische, emotionsbegabte Maschine betrachtet, beschränken die Wissenschaftler den Menschen einzig und allein auf seinen Körper, auf seinen physischen Leib. Das menschliche Wesen glauben sie zur Gänze verstanden zu haben, wenn sie alle Organe und Funktionen des menschlichen Körpers erforscht haben. Für eine Seele oder gar für einen Geist ist in diesen Lehren kein Platz mehr. Die nicht zu übersehenden geistig-seelischen Tätigkeiten des Menschen wie Denken, Fühlen und Wollen führt man auf physiologische Wirkfaktoren und Funktionen zurück. Im Zweifelsfall müssen das Gehirn oder das Nervensystem herhalten, wenn es darum geht, die Urheber und die Auslöser für solche Tätigkeiten auszumachen. Viele Menschen identifizieren sich heute ganz mit ihrem physischen Leib, den sie als ihr einziges Wesensglied betrachten.

Nun ist jedem klar, dass dieser Leib sich nach dem Tode durch Verwesung oder Verbrennung wieder in diejenigen chemischen Bestandteile auflöst, aus denen er gebildet ist. Wie könnte man also von einem Leben des Menschen nach dem Tod sprechen, wenn alles, was den Menschen angeblich ausmacht, verschwindet?

Auch hier denken die Materialisten absolut folgerichtig! Wenn der stofflich-mineralische Leib alles *wäre*, was den Menschen ausmacht, wenn er sein *einziges* Wesensglied *wäre*, dann wäre es ein Unsinn, von einem Leben nach dem Tod zu sprechen, da dieser Leib nach dem Tode verwest und letztlich ganz verschwindet! Aber wie wir im Folgenden sehen werden, ist die Annahme, dass das menschliche Wesen mit seinem physischen Leib erschöpft sei, ein gewaltiger Irrtum!

Das *anthroposophische* Menschenbild

Vom ›wahren‹ Menschen kennt man nur sehr wenig, wenn man ausschließlich seinen physischen Leib seziert und erforscht, wie das die Wissenschaftler machen. Um verstehen zu können, *was* am Menschen unsterblich ist und den Tod überdauert, müssen wir wissen, was den Menschen in seiner *gesamten Wesenheit* wirklich ausmacht. Wir müssen einen *kurzen* Blick auf die »Wesensglieder des Menschen«, wie wir sie aus der anthroposophisch orientierten Geisteswissenschaft Rudolf Steiners entnehmen können, werfen (☛ auch Anhang, Tabelle 1, S. 161). Das im Folgenden Dargestellte ist trotz der Kürze für die Zwecke dieses Buches hinreichend. Einem Leser, der tiefere Erkenntnisse wünscht, kann unser Buch *»Das Götterprojekt Mensch«* (☛ S. 179) empfohlen werden.

Jeder Mensch besitzt über seinen physischen Leib hinaus noch weitere, höhere Wesensglieder, die sich nur der Anschauung eines mit Hellsichtigkeit begabten Menschen zeigen.

Die menschlichen Wesensglieder[1] und ihre Funktionen, die wir im Folgenden kurz erläutern wollen, waren den Weisen aller früheren Epochen bis zurück in die urindische Kultur vor gut 8.000 Jahren bekannt. Überhaupt war in früheren Zeiten noch ein *Wissen* über den ›wahren‹ Menschen vorhanden. Natürlich wurden den Wesensgliedern damals noch andere Namen gegeben. Wir wollen uns hier an die Bezeichnungen halten, die Rudolf Steiner gewählt hat.

Zunächst einmal besitzt der Mensch neben seinem physischen Leib einen »*Ätherleib*«, den man auch »*Lebensleib*« oder »*Bildekräfteleib*« nennt. Der Ätherleib ist das unterste übersinnliche Wesensglied.

Beim heutigen erwachsenen Menschen hat der Ätherleib etwa die gleiche Form wie der physische Leib, den er allerdings an allen Seiten ein wenig überragt. Dem Blick eines Hellsehers stellt sich der menschliche Ätherleib als innerlich leuchtendes, durchscheinendes, aber nicht ganz durchsichtiges *Kraftgebilde* dar. Der ätherische Leib ist ähnlich organisiert wie der physische, nur sehr viel komplizierter. Er ist nicht nur mit feinen Äderchen und Strömungen durchzogen, sondern er hat auch Organe, ein »*Ätherherz*«, ein »*Äthergehirn*« usw.

Der Ätherleib ist gewissermaßen der ›Aufbauer‹ oder der ›Architekt‹ des physischen Leibes, der sich aus dem ätherischen herauskristallisiert. Der physische Mensch ist nach Maßgabe seines Ätherleibes gebildet. Auch der menschliche Ätherleib ist wie der physische Leib bis zu einem gewissen Grad den Gesetzen der Vererbung unterworfen. Nur solange dieser Ätherleib mit dem physischen Leib verbunden ist, kann in letzterem *Leben* sein.

Dieser übersinnliche Leib ist der Träger der Wachstums- und Fortpflanzungskräfte, aber auch des Gedächtnisses, der Temperamente, der Gewohnheiten und des Gewissens.

Es ist ja nicht verwunderlich, dass unsere Wissenschaft so verhältnismäßig wenig über das Gedächtnis weiß, da sie ja seinen Sitz im *physischen* Gehirn sucht. Dieses Gehirn ist in der *physischen* Welt aber nur vonnöten, damit etwas Erinnertes, also aus dem ätherischen Gehirn Heraufgeholtes, zum Bewusstseinsinhalt werden kann. Das physische Gehirn ist nicht mehr, aber auch nicht weniger als ein Werkzeug bzw. ein ›Spiegelungsapparat‹. Zu Lebzeiten wird der ätherische Leib mit seinen Gedächtniskräften sehr stark vom physischen Leib eingeschränkt. Um etwas Erinnertes freigeben zu können, ist er auf die vermittelnden Dienste des physischen Organismus angewiesen.

Der Ätherleib bleibt im Erdenleben immer, auch im Schlafe, mit dem physischen Leib verbunden. Erst im Augenblick des Todes trennt er sich endgültig von diesem ab. Dann ist er auch frei von dem starren physischen Gehirn, das ihn nun nicht mehr einschränken kann.

Wenige Tage nach dem Tod wird der weitaus größte Teil des ätherischen Leibes in den Kosmos einverwoben. Nur einen kleinen Teil nimmt der Mensch als unvergängliche Essenz auf seinen weiteren nachtodlichen Weg mit.

Einen Ätherleib besitzen nicht nur Menschen, sondern alle *Lebewesen*, also auch Pflanzen und Tiere.

Menschen und Tiere haben über den physischen und ätherischen Leib hinaus noch ein weiteres immaterielles Wesensglied, das die ätherische Hülle umschließt: den *»Astralleib«*.

Innerhalb dieses Leibes erscheint das *Eigenleben* des Menschen. Es drückt sich dadurch aus, dass dieser Lust oder Unlust, Freude oder Schmerz usw. erlebt.

Der Astralleib ist der Träger von Gefühlen, Begierden, Trieben, Wünschen, Leidenschaften und dergleichen. Durch ihn werden Sympathien und Antipathien erregt. Die Fähigkeit, solche Empfindungen zu erleben, teilt der Mensch nur mit den Tieren, die auch einen solchen übersinnlichen Leib besitzen. Auch hier ist es natürlich wieder so, dass der Mensch, solange er auf der Erde verkörpert ist, des Nervensystems bedarf, damit sich etwa die Schmerzen kundtun können.

Der Astralleib ist auch der Träger des sogenannten Unterbewusstseins, das man auch *»astralisches Bewusstsein«* nennt. Dieses ist ungleich weiser als unser Tages- oder Oberbewusstsein. Wie oft treffen wir irgendwelche Entscheidungen ›aus dem Bauch heraus‹ – wie man heute gerne sagt –, die sich dann später als absolut richtig und wichtig, als höchst hilfreich und nützlich erweisen. In solchen Fällen mag es uns gelungen sein, einen Hauch der Weisheit unseres astralischen Bewusstseins empfangen zu haben.

Dem hellsichtigen Menschen zeigt sich das Bild des Astralleibs als eine Art ›Lichtwolke‹, die sogenannte »Aura«, die den physischen und ätherischen Leib umhüllt und den Kopf etwa um zwei bis drei Kopflängen überragt. Die Aura glänzt in den unterschiedlichsten Farben, je nach den jeweiligen Begierden, Trieben usw. Der Astralleib löst sich im Schlafe aus seiner Organisation mit den beiden übrigen Leibern. Dann gehört es unter anderem zu seinen Aufgaben, den physischen Leib zu erfrischen und Abnutzungserscheinungen auszugleichen. Der Mensch verliert nach dem Tod seinen Astralleib zunächst nicht. In der Seelenwelt (☛ Kapitel »Der 3. Irrtum«) muss er sich seiner niedrigen Begierden und Triebe entwöhnen, er muss sich läutern, um später die Anwartschaft für die geistige Welt gewinnen zu können.

Der Verstorbene legt im Durchschnitt erst einige Jahrzehnte, nachdem er durch die Pforte des Todes gegangen ist, den größten Teil seines astralischen Leibes ab. Nur einen eher kleinen Extrakt nimmt er als Frucht seines Lebens mit auf seinen weiteren Weg durch die höheren Welten.

Die Frage, was vom Menschen unsterblich ist, steht immer noch im Raum. Der physische Leib löst sich nach dem Tod völlig in der Erdenwelt auf, und von den beiden anderen Leibern nimmt der Mensch nur einen gewissen Teil als unvergängliche Essenz mit auf seinen weiteren Weg. Hätte der Mensch nur *diese drei* Wesensglieder, so wäre es immer noch unsinnig, wenn man sagen würde, dass er unsterblich sei und ewig existiere.

Nun besitzt aber der Mensch in der Tat noch ein viertes Wesensglied, das ihn weit über das Tierreich erhebt: Das »Ich« bzw. den »Ich-Leib«. Hätte der Mensch nicht dieses Ich, so hätten die ›Jünger‹ Darwins recht; dann wäre der Mensch nur ein hochentwickelter Affe.

Dieses Wesensglied, das sich einem Hellseher als bläuliche Hohlkugel im Stirnbereich zwischen den Augen zeigt, ist genau wie der Astralleib ein Bewusstseinsträger. Dieses an das Ich gekoppelte Bewusstsein, das »Ich-Bewusstsein«, leuchtet im Erdendasein eines

Menschen etwa im dritten Lebensjahr erstmals auf. Ab diesem Zeitpunkt kann sich ein Kind seelisch als ein »Ich« bezeichnen. Es wird fähig, dieses Wort richtig zu verwenden. Es wird dann nicht mehr sagen »Maxi möchte einen Keks«, sondern »*Ich* möchte einen Keks«. Die übliche Erinnerung, die ein Mensch in seinem Erdenleben hat, reicht höchstens bis zu diesem Ereignis zurück.

Das Ich ermöglicht es dem Menschen, sich als eigenständiges und seiner selbst bewusstes Wesen erkennen und von seiner Umgebung abgrenzen zu können. Jeder Mensch kann sich selbst als ein »*Ich bin*« wahrnehmen. Das Ich, das man auch als »*Selbst*« bezeichnen könnte, erlaubt ihm, sich über seine bloßen Gefühle und Triebe hinaus selbst zu bestimmen. Dadurch kann er dazu kommen, ordnende Begriffe und Gedanken zu bilden. Das Ich macht es dem Menschen möglich, aus eigenem Antrieb heraus tätig zu werden und moralischen Idealen nachzustreben, anstatt nur blind seinen Trieben zu folgen.

Nicht einmal ein krasser Materialist kann leugnen, dass es im Menschen eine ›Instanz‹ gibt, die über diejenigen Fähigkeiten verfügt, die wir dem Ich zuschreiben müssen. Allerdings wird er heftig bestreiten, dass es sich dabei um etwas Eigenständiges, Immaterielles handele. Vielmehr wird er diese Fähigkeiten auf irgendwelche Gehirnfunktionen zurückführen. Wenn ein solcher ehrlich und konsequent wäre, dürfte er aber auch nicht sagen: »*Ich* denke.« Stattdessen müsste er eigentlich sagen: »*Mein Gehirn* denkt.«

Dieses Ich ist der *geistig-seelische Wesenskern* des Menschen, das man auch als seine *Individualität* bezeichnen könnte. Es ist unsterblich und unvergänglich; es geht durch die vielen Erdenleben, die der Mensch im Zuge seiner geistig-seelischen Evolution durchzumachen hat. Nach dem Tod ist das Ich das einzige *ureigene* Wesensglied, das dem Menschen *vollständig* bleibt.

Der Mensch ist also, wenn er auf der Erde wandelt, ein *viergliedriges* Wesen, das aus physischem Leib, Ätherleib, Astralleib und Ich besteht.

23

Diese Viergliedrigkeit des Menschen steht durchaus nicht im Widerspruch zu der seit frühen Zeiten gelehrten *Drei*gliedrigkeit, nach welcher der Mensch aus *»Körper«*, *»Seele«* und *»Geist«* besteht.

Mit dem Begriff »Körper« ist dasjenige gemeint, wodurch sich dem Menschen die äußeren Phänomene der Sinneswelt offenbaren. Er besteht aus dem physischen und dem ätherischen Leib, die ja, solange der Mensch im Erdenleben weilt, immer fest miteinander verbunden sind.

Mit dem Wort »Seele« soll auf all dasjenige hingedeutet werden, wodurch der Mensch die Dinge, die der Leib wahrgenommen hat, mit seinem eigenen Dasein verknüpft, wodurch er also etwa Lust oder Unlust, Freude oder Leid erfährt. Die Seele ist im Menschen tätig und durchdringt alle Verrichtungen des Körpers. Die wesentlichen Kräfte der Seele sind Sympathie und Antipathie. Das Ich und der Astralleib, insbesondere soweit er die Hülle des Ichs ist, ergeben – sehr vereinfacht dargestellt – die menschliche Seele. Der Mensch kann sich in seinem Denken, Fühlen und Wollen seelisch betätigen. Alle diese Seelentätigkeiten sind beim wachenden Menschen unmittelbar mit seinem Ich verknüpft. Die Seele ist das Bindeglied von Körper und Geist, zwischen denen sie vermittelnd tätig ist.

Der »Geist« ist unser Führer im Reich der Seele. Das Ich ist eigentlich bereits ein geistiges Wesensglied, das sich beim Durchschnittsmenschen seiner geistigen Wesenheit allerdings noch nicht bewusst ist. Der Geist besteht jedoch im strengen Sinne aus *drei noch höheren* Wesensgliedern, die der heutige Mensch erst in seinen keimhaften Anlagen besitzt, die er also noch ausbilden, die er in ferner Zukunft noch erwerben muss, indem er mit seinen Ich-Kräften zunächst seinen Astralleib, dann seinen Ätherleib und schließlich noch seinen physischen Leib veredelt und umgestaltet.

Diese drei Geistglieder *»Geistselbst«, »Lebensgeist« und »Geistesmensch«* können für die Zwecke dieses Buches vernachlässigt werden.

Nachdem es uns nun vielleicht gelungen ist, die Hintergründe für die These, es gäbe *kein* Leben nach dem Tod, aufzudecken und diese These als einen *großen* Irrtum zu entlarven, wollen wir uns im Folgenden einigen Meinungen bzw. Anschauungen zuwenden, die man heute von Zeitgenossen, die noch nicht der Ideologie des Materialismus verfallen sind, häufig hört.

Selbstverständlich kursieren auch unter solchen, die fest von einem Leben nach dem Tod ausgehen, etliche Irrtümer. Wir wollen nun versuchen, diese in den folgenden Kapiteln aufzulösen.

Der 2. Irrtum

Die Toten werden erst am Jüngsten Tage wieder zum Leben auferweckt.

Die sogenannte »Auferweckung« oder »Auferstehung« der Toten am »Jüngsten Tage« zählt zum Lehrgut des konfessionellen Christentums. Hierzu gehört auch die in einigen Kreisen vertretene absurde Ansicht, dass dann die Toten aus ihren Gräbern steigen. Viele glauben, dass die Menschen schließlich wieder einen physischen Leib annehmen, der mit dem vergleichbar ist, den wir heute tragen.

Wie man das, was mit der »Auferweckung am Jüngsten Tage« gemeint ist, verstehen kann, soll am Ende dieses Kapitels erläutert werden.

Wenn es um die Frage geht, was den Menschen nach seinem Tod in den übersinnlichen Welten erwartet, so begnügen sich immer noch viele Zeitgenossen, die nicht der materialistischen Ideologie anheim gefallen sind, mit den äußerst dünnen und interpretierbaren Aussagen, welche die beiden großen christlichen Kirchen geben. Die katholische und die evangelische Kirche liefern allerdings durchaus unterschiedliche Antworten.

In beiden Fällen muss man sehen, dass die Kirchen *nicht* von den wiederholten Erdenleben ausgehen. In der katholischen Kirche wird die Reinkarnation sogar als Irrlehre bezeichnet, wie man etwa ihrem Katechismus entnehmen kann. Somit geht es in den Lehren *beider*

Kirchen, die das Leben des Menschen nach dem Tod betreffen, um den unerdenklich langen *fiktiven* Zeitraum, der Jahrtausende und Aberjahrtausende von dem *vermeintlich* einzigen Tod des Menschen bis zum Jüngsten Tag umfasst.

Schon aufgrund dieser falschen Voraussetzung ist nicht zu erwarten, dass ihre Lehren sehr viel mit Weltentatsachen zu tun haben können. Schließlich ist es unmöglich, aus falschen Voraussetzungen richtige Schlüsse zu ziehen! In Wirklichkeit ist es vielmehr so, dass jeder Mensch schon viele Male auf der Erde gelebt hat und noch viele Male wieder auf ihr erscheinen wird. Somit hat jeder *viele Male* ein nachtodliches Leben durchzumachen. Im Durchschnitt wird er jeweils einige Jahrhunderte nach jedem Tod bis zur neuen Geburt in den übersinnlichen Welten verbringen.

Man hört häufig die Frage, was denn der Sinn der vielen irdischen Inkarnationen sei. Nun, die Schöpfermächte wollten mit dem Menschen keine schlichten ›dienstbaren Geister‹ in die Weltenverhältnisse hineinstellen. Sie haben mit dem Menschen ein Wesen in die Weltentatsachen gestellt, das das Göttliche in sich aufnehmen kann. Sie haben ein Wesen geschaffen, dem es in urferner Zukunft vorbestimmt ist, selbst ein schöpferisches, selbstbewusstes, freies, göttlich-geistiges Wesen sein zu können, wie es die Engelwesen heute schon sind. Das ist das, was als Geheimnis des Werdens betrachtet werden kann, dass jedes Wesen emporsteigen kann von einem, das nur aus der göttlichen Gnade empfangen kann, zu einem, das selbst produktiv werden kann, das selbst schöpferisch tätig werden kann.

Um an dieses erhabene Ziel, das jeder Mensch erreichen soll und kann, zu gelangen, würde ein einziges Erdenleben niemals ausreichend sein können. Vielmehr bedarf es dazu eines unerdenklich langen Entwicklungsprozesses. Über sehr viele Erdenleben hinweg muss der Mensch bestrebt sein, eine jeweils höhere Stufe seiner Vollkommenheit zu erklimmen.

Das Leben nach dem Tod gemäß *protestantischer* Ansicht

Im Protestantismus gibt es im Gegensatz zum Katholizismus zu vielen Themen im Grunde keine in Stein gemeißelte Lehrmeinungen. Insbesondere verzichtet man auf Dogmen.

In der protestantischen Theologie wurde vor gut einem Jahrhundert der Begriff »eschatologische Lücke« geprägt. Damit soll zum Ausdruck gebracht werden, dass man über »die letzten Dinge«, also über das Leben nach dem Tod bis hin zum Jüngsten Tag, eigentlich nichts Genaues wissen könne. Im Grunde ist das ja absurd, da in dieser langen Zeitspanne auch viele *Erdenleben* eines Menschen liegen.

In protestantischen Kreisen sowie auch in einigen Sekten christlichen Ursprungs scheint die sogenannte »Ganztodthese« bzw. »Ganztodtheorie« immer mehr Verfechter und Anhänger zu finden. Gemäß dieser These ist der Mensch nach seinem Tod wirklich ›tot‹, also ohne ein wie auch immer geartetes Bewusstsein und somit gar nicht mehr existent, bis er endlich am Jüngsten Tage wieder ›auferweckt‹ und mit einem neuen, unverweslichen Leib ausgestattet wird.

Es fällt sehr schwer, diese Ganztodtheorie nachzuvollziehen. Wie kann man einen Sinn damit verbinden, dass ein Wesen gewissermaßen ausgelöscht wird, um dann vielleicht nach Abertausenden von Jahren durch die ›Auferweckung‹ wieder mit einem Bewusstsein begabt zu werden? Nehmen wir als Beispiel einen Steinzeitmenschen, der vor rund zwei Millionen Jahren gestorben ist. Nun wird er *gemäß dieser grotesken Theorie* erst – sagen wir in weiteren zwei Millionen Jahren – am Jüngsten Tag wieder auferweckt. Was hätte dieses auferweckte neue Wesen noch mit dem vor vier Millionen Jahren ausgelöschten zu tun? Müsste man da nicht eher von einer Neuschöpfung reden?

Die evangelische Kirche weiß also *überhaupt nichts* über das Leben, das ein Mensch nach seinem Tod führt! Immerhin ist sie so ehrlich, das zuzugeben.

Natürlich haben die Theologen, welche die Ganztodtheorie aufgestellt haben, sich das nicht aus den Fingern gesogen. Sie begründen ihre Lehren einzig und allein auf der Bibel, die in der Tat ein paar Verse enthält, welche die Ganztodthese zu stützen *scheinen*. Es soll überhaupt nicht bestritten werden, dass der Heiligen Schrift die höchsten göttlich-geistigen Wahrheiten zu entnehmen sind, allerdings ist das nicht so einfach, wie man vielleicht glauben könnte. Die Bibel ist für das Bewusstsein eines modernen Menschen nur noch schwer zu verstehen. Das gilt ganz besonders für die eher wenigen Verse, die eine Aussage über das nachtodliche Leben des Menschen machen.

Die Ganztodtheorie widerspricht dem Lukas-Evangelium

Wenn gewisse Theologen sich schon ausschließlich auf die Bibel stützen, um ihre nachtodlichen Lehren zu begründen bzw. zu untermauern, so sollten sie die Schilderung *»Vom reichen Mann und vom armen Lazarus«,* das im Lukas-Evangelium erzählt wird, nicht unberücksichtigt lassen.[1]

Diese Verse des Lukas-Evangeliums stellen eine recht umfassende und konkrete Schilderung aus der »Welt der Toten« dar.

Auch in dieser Darstellung werden – wie in vielen Schilderungen der Heiligen Schrift – einige Bilder verwendet, die dem heutigen Bewusstsein Schwierigkeiten bereiten und richtig gedeutet werden müssen (beispielsweise: *»Schoß Abrahams«, »in Qualen die Augen hob«, »Spitze seines Fingers«*). Diese Erzählung enthält aber auch viele präzise Schilderungen, die man *nahezu* wörtlich verstehen kann. Daher soll hier der Versuch einer Interpretation gewagt werden.

Diese Verse lauten:

19 *»Da war ein reicher Mann, der kleidete sich in Purpur und feine Leinwand und vergnügte sich prunkend, Tag um Tag.*

20 *Doch ein Armer namens Lazarus lag an seinem Tor, mit Geschwüren bedeckt;*

21 *der hätte sich gern von dem gesättigt, was vom Tisch des Reichen abfiel. Ja, sogar die Hunde kamen und leckten seine Geschwüre.*

22 *Und es geschah: Als der Arme starb, wurde er von den Engeln in den Schoß Abrahams getragen. Doch auch der Reiche starb und wurde begraben.*

23 *Als er in der Unterwelt in Qualen die Augen hob, sieht er Abraham von fern und Lazarus in seinem Schoß.*

24 *Und er rief: Vater Abraham, erbarme dich meiner und sende Lazarus, dass er die Spitze seines Fingers in Wasser tauche und meine Zunge kühle; denn ich leide Pein in dieser Flamme.*

25 *Doch Abraham sprach: Mein Sohn, bedenke, dass du in deinem Leben Gutes erhalten hast, und Lazarus in gleicher Weise Übles. Nun wird er hier getröstet, du aber musst leiden.*

26 *Und überdies ist zwischen uns und euch eine große Kluft, dass jene, die von hier zu euch hinüberwollen, es nicht vermögen, und auch von dort sie nicht zu uns herüberkommen können.*

27 *Da sagte er: Ich bitte dich, Vater, dass du ihn in das Haus meines Vaters sendest;*

28 *ich habe ja noch fünf Brüder. Er möge ihnen Kunde bringen, damit nicht auch sie an diesen Ort der Qual kommen.*

29 *Abraham aber sagte: Sie haben Moses und die Propheten, auf die sollen sie hören.*

30 *Er aber antwortete: Nein, Vater Abraham! Doch wenn einer von den Toten zu ihnen käme, dann werden sie umkehren.*

31 *Er aber sprach zu ihm: Wenn sie auf Moses und die Propheten nicht hören, werden sie sich, auch wenn einer von den Toten aufersteht, nicht überzeugen lassen.«*

In den Versen 19 bis 21 skizziert Jesus in knappen, trefflichen Worten das Erdenleben der beiden. Der reiche Mann führte ein Leben im Überfluss und hatte nur Interesse für sinnliche Freuden und Genüsse. Er war also, wie man heute sagen würde, ein Lebemann, ein krasser Egoist, der nur um sein persönliches Wohl besorgt war. Dass vor seinem Tor ein hilfsbedürftiger und hungriger Mensch lagerte, interessierte ihn nicht. Er sorgte offensichtlich nicht einmal dafür, diesem zumindest die Tischabfälle zukommen zu lassen. Selbst die Hunde kümmerten sich mehr um den kranken Lazarus. Der von Geschwüren geplagte Lazarus führte hingegen ein äußerst ärmliches und erbärmliches Leben. Nun stirbt zunächst der arme Lazarus, dann der reiche Mann.

Wie unterschiedlich beschreibt Jesus das Todesszenario der beiden! Wie verschieden sind die Erlebnisse, die die beiden unmittelbar nach ihrem Tod haben (Vers 22)! Lazarus wird *von Engeln* in den Schoß Abrahams *getragen*. Beim reichen Mann heißt es lapidar, dass er *begraben* wurde. Beim reichen Mann gibt es zunächst nichts anderes zu berichten, als sein Begräbnis, also etwas, was in der Sinneswelt stattfindet. Aus der übersinnlichen Welt, in der sich nun beide befinden, gibt es von ihm *anfangs* nichts zu schildern, was bedeutet, dass sein Bewusstsein noch nicht entfacht ist. Diesem wichtigen Satz kann entnommen werden, dass es nicht unbedingt selbstverständlich ist, dass man nach dem Tod sofort und unmittelbar das für diese neue Welt angemessene Bewusstsein besitzt. Das was Lazarus erlebt, wird mit erhabenen Worten beschrieben. Er wird von Engeln in den Schoß Abrahams getragen. Sein Bewusstsein war schon bald ein sehr helles. Es wird angedeutet, dass höhere Geistwesen den Menschen nach seinem Tod unterstützen und führen können. Vielleicht wurde der reiche Mann auch von einem Engel in seine Region geführt. Nur waren sein Bewusstsein und sein Wahrnehmungsvermögen noch nicht hinreichend erwacht, so dass er das nicht gewahr werden konnte.

Wie kann man bewerten, dass Lazarus sich in »Abrahams Schoß« aufhalten darf? Man kann zunächst einmal vermuten, dass damit *bildlich* die Region der geistigen Welt gemeint ist, in die sich der fromme Jude gezogen fühlte. Man kann aber auch noch zu einer anderen Deutung finden. Die Juden der damaligen Zeit verfügten noch nicht über ein so ausgeprägtes Selbst- oder Ich-Bewusstsein, wie es den heutigen Menschen zu eigen ist. Sie fühlten sich noch eins mit ihren Blutsverwandten bis hin zum Vater Abraham. Somit kann man diesen Vers auch so interpretieren, dass Lazarus sofort nach dem Tod zu seinem Ich-Bewusstsein gefunden hat. Der reiche Mann findet erst später zum Bewusstsein seiner selbst. Das wird dadurch angedeutet, dass er die »*Augen hob*« (Vers 23).

Jetzt wird er sich seiner misslichen, qualvollen Lage bewusst. Er sieht Lazarus und bittet Abraham, dass er diesen schicken möge, damit er ihm die Qualen ein wenig lindern könnte (Verse 23, 24). Es wird also deutlich berichtet, dass der Mensch nach seinem Tod auch andere Verstorbene wahrzunehmen vermag, sobald das Bewusstsein dafür erwacht ist, und dass er mit ihnen einen gewissen ›Kontakt‹ aufnehmen kann. Abraham sagt dem reichen Mann unmissverständlich, dass er diese Leiden als eine zwangsläufige Folge seines unmoralischen und egoistischen Lebens ertragen müsse (Vers 25). Abraham sagt ferner, dass zwischen der ›Region‹, in der sich Lazarus befindet, und der, in welcher der reiche Mann sich aufhält, eine Kluft bestehe, die von keiner Richtung aus überschritten werden könne (Vers 26). Das ist ein klarer Hinweis darauf, dass alles, was der Mensch nach seinem Tod erlebt und erfährt, stark davon abhängig ist, wie er sein Erdenleben verbracht und genutzt hat. Dieses Schicksal kann nicht umgangen werden. Es kann aber den Schilderungen *nicht* entnommen werden, dass dieser qualvolle Zustand *ewig* währt.

Nachdem der reiche Mann sich in sein Schicksal gefügt hatte, bittet er Abraham, er möge den Lazarus in das Haus seines Vaters schicken, damit er seinen Brüdern berichten könne, wie es ihm ergeht, damit sie ihre Gesinnung noch so ändern könnten, dass ihnen das gleiche Schicksal erspart bliebe (Verse 27, 28). Diese Stelle weist darauf hin, dass auch ein Verstorbener zumindest eine Zeit lang noch in der Lage ist, sich seines abgelaufenen Lebens und der zurückgebliebenen Menschen zu erinnern. Zum anderen scheint es wohl so zu sein, dass Verstorbene noch ein Interesse an dem Schicksal ihrer Hinterbliebenen haben. Schließlich kann man ablesen, dass es möglich sein könnte, dass ein Verstorbener Kontakt zu Lebenden aufnehmen kann. Abraham weist auch diese Bitte zurück (Verse 29–31). Er verweist darauf, dass es nicht die Aufgabe der Toten sei, Einfluss auf das Verhalten der Lebenden zu nehmen. Diese haben die Gesetze und die Lehren von Moses und den Propheten. Sie müssen aus ihrer eigenen Freiheit und Kraft heraus ihr Leben einrichten. In diese Freiheit hat kein Toter einzugreifen.

Man muss klar sehen, dass hier nicht das gesamte nachtodliche Leben beschrieben wird, sondern nur ein wichtiger Ausschnitt, eine bestimmte *frühe* Phase der postmortalen Existenz. Fassen wir die wichtigsten Anhaltspunkte, die dieser Schilderung zu entnehmen sind, noch einmal zusammen:

> Es ist keine Selbstverständlichkeit, dass bei jedem Menschen bereits in der ersten Zeit nach seinem Tod ein angemessenes Bewusstsein und eine hinreichende Wahrnehmungsfähigkeit für die ›jenseitige Welt‹ erwacht.

> Das, was der Mensch nach seinem Tod erlebt, kann eine sehr unterschiedliche Qualität haben. Er kann – zumindest temporär – sehr Beglückendes, aber auch sehr Qualvolles erleben. Das ist offenbar von seinen sittlich-moralischen Taten und Einstellungen abhängig.

> Hohe Geistwesen – beispielsweise Engel – können den Menschen nach seinem Tod führen und unterstützen.

> Die Verstorbenen können andere Verstorbene wahrnehmen.

> Der Verstorbene hat – zumindest einige Zeit lang – noch Erinnerungen an sein Erdenleben und die Menschen, die er zurückgelassen hat.

> Der Verstorbene scheint – zumindest einige Zeit lang – noch ein Interesse an dem Schicksal seiner Hinterbliebenen zu haben.

> Es scheint möglich, dass ein Verstorbener Einfluss auf die Lebenden nehmen kann.

Diese Verse können uns wirklich *einige* erstaunlich konkrete Hinweise auf die *erste Zeit* des nachtodlichen Lebens geben. In den folgenden Kapiteln werden wir immer wieder einmal darauf zurückkommen. Der Kürze wegen wollen wir diese Schilderung dann einfach die »Lazarus-Erzählung« nennen.

Gerade die Protestanten nehmen ja für sich in Anspruch, die Bibel gründlich zu kennen. Also muss man fragen, warum sie ganz offensichtlich diese Erzählung aus dem Lukas-Evangelium ignorieren.
   Viele gehen davon aus, dass es sich *nur* um ein *Gleichnis* handele und dass solche keine Tatsachen schilderten.

Ist es wirklich ein Gleichnis?
   Es gibt ja in den synoptischen Evangelien, also in denen nach *Matthäus*, *Markus* und *Lukas*, eine ganze Reihe von Gleichnissen. In allen Fällen wird zuvor explizit darauf hingewiesen, dass es sich um ein Gleichnis handelt, indem es etwa heißt: »*Hört nun dieses Gleichnis*«, »*Jesus legte ihnen ein Gleichnis vor*« o.ä. Mit einer solchen Formulierung wird die Erzählung vom reichen Mann und vom armen Lazarus *nicht* eingeleitet! Der Begriff »Gleichnis« taucht gar nicht auf. Somit ist anzunehmen, dass Jesus Christus wirklich mit wenigen Worten schildert, was ein Verstorbener in der ersten Zeit nach dem Tod erlebt.

Aber selbst wenn es ein Gleichnis wäre, würde das die Authentizität der Schilderung keineswegs mindern. Was sind eigentlich Gleichnisse im biblischen Sinne? Gleichnisse sind Schilderungen, die sich der Tatsachenerzählung nur deshalb bedienen, um eine *tiefere Wahrheit* zu versinnbildlichen, um diese leichter verständlich zu machen. Alles, was sich nach dem Tod in den übersinnlichen Welten abspielt, ist so radikal verschieden von dem, was wir aus unserem Erdenleben gewohnt sind, dass es nur annähernd, also *gleichnishaft* in eine Erdensprache übertragen werden kann. Gerade in den Gleichnissen kann man meistens die allertiefsten Wahrheiten finden! Dieser Erzählung aus dem Lukas-Evangelium kann man einige wichtige Anhaltspunkte dafür entnehmen, was den Menschen schon kurze Zeit nach seinem Tod in der ›jenseitigen Welt‹ erwartet.

Insbesondere sind diese Schilderungen aber mehr als nur ein Indiz dafür, dass der Mensch nach seinem Tod – auch vor dem Jüngsten Tag! – mit einem Bewusstsein begabt ist. Sie widerlegen die Ganztodthese!

Erlauben Sie, dass ich noch eine kurze persönliche Begebenheit schildere.

Seit Jahren klingelten etwa zweimal im Jahr zwei nette Damen von den Zeugen Jehovas an unserer Haustür, um uns für ihre Sekte zu interessieren. Da ich nicht unhöflich sein wollte, bat ich sie meistens herein, um mit ihnen ein wenig zu plaudern. Häufig ging es dabei um mehr allgemeine Themen.

Die Zeugen Jehovas sind ja besonders überzeugte Vertreter der Ganztodtheorie. Als ich die Damen einmal fragte, worauf sie ihre These stützten, zeigten sie mir einige Verse in der Bibel, die man so interpretieren *könnte*, dass ein verstorbener Mensch erst am Jüngsten Tage wieder auferweckt wird. Darauf fragte ich, ob sie schon einmal das 16. Kapitel des Lukas-Evangeliums, in dem es um den reichen Mann und den armen Lazarus gehe, gelesen hätten. Weiter sagte ich, dass diese Erzählung die Ganztodlehre ad absurdum führe. Sie verneinten und versprachen, sie zu studieren und dann wiederzukommen, um mit mir darüber zu reden. Das war vor sechs Jahren.

Bis zum heutigen Tag haben sie sich nicht wieder blicken lassen. Man kann nur hoffen, dass bei ihnen ein Umdenken stattgefunden hat.

Das nachtodliche Leben im Wandel der Zeit

Es soll ja gar nicht bestritten werden, dass sich in der Bibel – namentlich im Alten Testament – ein paar Verse finden lassen, die besagen, dass der Mensch nach dem Tod – vor der sogenannten Auferweckung – nicht mit einem Bewusstsein begabt sei, sondern dass er sich in einer Art Schlafzustand befinde. Diese Verse sind es, die dazu geführt haben, dass in einigen Kreisen die Ganztodtheorie aufkommen konnte.

Auch die alten Griechen konnten keine Sympathien zu dem »Reich der Toten«, das sie »Hades«, »Unterwelt« oder »Schattenreich« nannten, aufbringen. Sie wollten lieber *»ein Bettler in der Oberwelt* [irdische Welt] *als ein König in der Unterwelt«* sein.

Die These, dass der Mensch nach dem Tod *grundsätzlich* und *permanent* ein unbewusstes, schattenhaftes Leben führen müsse, steht in krassem Gegensatz zu der diskutierten Schilderung aus dem Lukas-Evangelium und insbesondere zu dem was man heute – nicht zuletzt dank der Anthroposophie – wissen kann. Wie kann man diesen vermeintlichen Widerspruch auflösen?

Nun, es wäre ein großer Irrtum zu glauben, dass das nachtodliche Leben, wie es im Kapitel *»Der 3. Irrtum«* für unser heutiges Zeitalter zumindest in seinen groben Zügen skizziert werden soll, sich *schon immer* genauso abgespielt hätte. Auch das, was der Mensch nach seinem Tod durchzumachen hat, unterliegt einem Wandel. Es verändern sich nicht nur die Verhältnisse der physischen, sondern auch die der seelischen und der geistigen Welt. *Alle* Welten und Wesen machen eine Entwicklung durch.

In der alten griechischen Zeit war das Leben in den höheren Welten in der Tat ein elendes Dasein. Die Toten konnten es zu keinem hinreichend hellen Bewusstsein bringen. Die nachtodliche Welt war wirklich eine sehr düstere, schattenhafte. Die Blütezeit des Griechentums lag vor derjenigen, in der das Mysterium von Golgatha stattfand. »Einsam, in finsterer Umgebung fühlten sich die Seelen in der geistigen Welt, bevor das Ereignis von Golgatha eintrat. Die geistige Welt war damals nicht in ihrer ganzen lichtvollen Klarheit durchsichtig für die, die durch das Tor des Todes kommend, in sie hineinschritten. Ein jeder fühlte sich allein, sich in sich zurückgestoßen, wie eine Mauer war es aufgerichtet gegenüber jedem anderen. Und das wäre immer stärker und stärker geworden.«[2]

Erst dadurch, dass ein Gott einen fleischlichen Leib angenommen hat und durch den Tod gegangen ist, konnten gewaltige Veränderungen eintreten. Der Christus hat sich mit dem Leiden und dem Sterben der Menschen verbunden. Dadurch, dass er als einziges göttliches Wesen den Tod kennenlernte, war es ihm möglich, in das Schattenreich hinabzusteigen und die Toten zu erlösen. Die Tatsache, dass Christus vor seiner Auferstehung in das Reich der Toten hinabgestiegen ist, ist ja auch ein Kernsatz aller christlichen Glaubensbekenntnisse. Dieses »Hinabsteigen« darf man durchaus wörtlich verstehen. Es war den Seelen bis zur Zeitenwende vor 2.000 Jahren noch nicht möglich, nach dem Tod in die Sphären der Geisteswelt aufzusteigen. Sie waren gewissermaßen ans Erdinnere – was man heute oftmals plakativ als »Hölle« bezeichnet – gefesselt. Erst seit Christi Tat ist es den Menschen möglich, das nachtodliche Leben mit hellem Bewusstsein zu durchleben. »Diejenigen, welche den Christus in ihr Inneres aufnehmen, erhellen wieder das schattenhafte Leben im Devachan [geistige Welt]. Je mehr der Mensch hier erlebt von dem Christus, desto heller wird es drüben in der geistigen Welt.«[3]

Die wohl größten und fruchtbarsten Veränderungen haben sich für die Welt der Toten durch das Mysterium von Golgatha ergeben. Aber auch seitdem findet in den höheren Welten eine Entwicklung statt. Das, was ein Mensch, der heute durch die Pforte des Todes geht, erleben und erfahren kann, ist in vielerlei Hinsicht von dem verschieden, was einer erleben konnte, der etwa vor tausend Jahren gestorben ist oder in etwa tausend Jahren sterben wird. Auch für die übersinnlichen Welten hat das Wort »Geschichte« eine ebenso reale Bedeutung wie für den physischen Plan.

Das Leben nach dem Tod gemäß *katholischer* Lehre

Was lehrt die *katholische* Kirche über das Leben nach dem Tod? Sie reklamiert seit Jahrhunderten für sich eine Monopolstellung, was die Verkündigung und Verbreitung geistig-göttlicher Wahrheiten angeht und bezeichnet sich als die ›alleinseligmachende‹ Kirche. Immerhin geht sie *nicht* davon aus, dass der Mensch erst am Jüngsten Tag wieder mit einem Bewusstsein begabt wird. Ihrem »Katechismus« kann man entnehmen, dass sie von *drei möglichen Wegen*, die der Mensch nach dem Tod nehmen kann, ausgeht. *»Jeder Mensch empfängt im Moment des Todes in seiner unsterblichen Seele die ewige Vergeltung. Dies geschieht in einem besonderen Gericht, das sein Leben auf Christus bezieht – entweder durch eine Läuterung hindurch oder indem er unmittelbar in die himmlische Seligkeit eintritt oder indem er sich selbst sogleich für immer verdammt.«*[4]

Wer tritt nun nach katholischer Lehrauffassung unmittelbar in die himmlische Seligkeit ein? *»Die in der Gnade und Freundschaft Gottes sterben und völlig geläutert sind, leben für immer mit Christus. Sie sind für immer Gott ähnlich, denn sie sehen ihn, ›wie er ist‹ (1 Joh. 3,2) ›von Angesicht zu Angesicht‹ (1 Kor. 13,12).«*[5]

Was lehrt die katholische Kirche über den *»Himmel«* und das Leben, das sich dort abspielt? *»Dieses vollkommene Leben mit der allerheiligsten Dreifaltigkeit, diese Lebens- und Liebesgemeinschaft mit ihr, mit der Jungfrau Maria, den Engeln und allen Seligen wird ›der Himmel‹ genannt. Der Himmel ist das letzte Ziel und die Erfüllung der tiefsten Sehnsüchte des Menschen, der Zustand höchsten, endgültigen Glücks.«*[6] Weiter kann man dort lesen: *»Durch seinen Tod und seine Auferstehung hat uns Jesus Christus den Himmel ›geöffnet‹. Das Leben der Seligen besteht im Vollbesitz der Früchte der Erlösung durch Christus. Dieser läßt jene, die an ihn geglaubt haben und seinem Willen treu geblieben sind, an seiner himmlischen Verherrlichung teilhaben. Der Himmel ist die selige Gemeinschaft all derer, die völlig in ihn eingegliedert sind.«*[7] und *»Dieses*

Mysterium der seligen Gemeinschaft mit Gott und all denen, die in Christus sind, geht über jedes Verständnis und jede Vorstellung hinaus. Die Schrift spricht zu uns davon in Bildern, wie Leben, Licht, Frieden, festliches Hochzeitsmahl, Wein des Reiches, Haus des Vaters, himmlisches Jerusalem und Paradies: ›Was kein Auge gesehen und kein Ohr gehört hat, was keinem Menschen in den Sinn gekommen ist; das Große, das Gott denen bereitet hat, die ihn lieben‹ (1 Kor. 2,9).«[8]

Zwei Aspekte können daraus abgeleitet werden: Zum einen scheint es durchaus möglich zu sein, sich sogleich nach einem Leben, das von der Liebe zu Gott getragen war, für dieses hohe himmlische Ziel ›qualifizieren‹ zu können. Eine solche Möglichkeit wird vielen Christen als große Hoffnung und Ansporn dienen können. Es ist doch wohl ein sympathischer Gedanke, diese ewige Seligkeit schon sehr bald erleben zu dürfen. Zum anderen kann man nicht umhin einzugestehen, dass man aus diesen Glaubenssätzen keine halbwegs konkrete Vorstellung davon gewinnen kann, wie sich das Leben im Himmel abspielt, was es da zu tun gibt usw. Es soll auch mit keinem Wort gesagt werden, dass die Darstellungen, die man den Kirchenlehren entnehmen kann, falsch seien. Das können sie ja auch eigentlich nicht, weil sie ganz wesentlich auf den – allerdings zum Teil sehr interpretierbaren – Aussagen der Bibel basieren. Sie sind lediglich viel zu grob und zu schwammig, so dass sie Spekulationen Tür und Tor öffnen und dem suchenden Menschen keine wirkliche Orientierung zu geben vermögen.

Das Gegenstück des Himmels ist die *»Hölle«*. Welche Menschen erwartet sie und wie kann man eine Vorstellung von dieser Sphäre gewinnen? *»Wir können nicht mit Gott vereint werden, wenn wir uns nicht freiwillig dazu entscheiden, ihn zu lieben. Wir können aber Gott nicht lieben, wenn wir uns gegen ihn, gegen unseren Nächsten oder gegen uns selbst schwer versündigen: ›Wer nicht liebt, bleibt im Tod. Jeder, der seinen Bruder haßt, ist ein Mörder, und ihr wißt: Kein Mörder hat ewiges Leben, das in ihm bleibt‹ (1 Joh. 3,14-15). Unser Herr macht uns darauf aufmerksam, daß wir* von ihm getrennt werden, wenn wir es unterlassen, uns der schweren Nöte der Armen und Geringen, die seine Brüder und Schwestern sind, anzunehmen. In Todsünde sterben, ohne diese bereut zu haben und ohne die barmherzige Liebe Gottes anzunehmen, bedeutet, durch eigenen freien Entschluß für immer von ihm getrennt zu bleiben. Diesen Zustand der endgültigen Selbstausschließung aus der Gemeinschaft mit Gott und den Seligen nennt man ›Hölle‹.«[9] Weiter heißt es: »Die Lehre der Kirche sagt, daß es eine Hölle gibt und daß sie ewig dauert. Die Seelen derer, die im Stand der Todsünde sterben, kommen sogleich nach dem Tod in die Unterwelt, wo sie die Qualen der Hölle erleiden, ›das ewige Feuer‹. Die schlimmste Pein der Hölle besteht in der ewigen Trennung von Gott, in dem allein der Mensch das Leben und das Glück finden kann, für die er erschaffen worden ist und nach denen er sich sehnt.«[10]

Zu der völlig abstrusen Vorstellung einer Hölle, in der gewisse Seelen bis ›in alle Ewigkeit‹ leiden müssen, ohne auch nur die geringste Chance zu haben, ihre Entwicklung in eine andere Richtung zu lenken, kann man nur gelangen, wenn man die Wahrheit von den wiederholten Erdenleben ignoriert.

Wenn jeder Mensch wirklich nur *ein einziges* Erdenleben durchlaufen würde, so gäbe es ein Problem: Was macht man mit den abgrundtief schlechten Menschen? Da diese dann keine Gelegenheit hätten, in folgenden Inkarnationen sich zu ändern, sich zu veredeln, muss man zu einer Krücke greifen. Diese Krücke ist die Hölle, in die man solche bösen Seelen für alle Zeiten einsperren muss!

Kommen wir schließlich zu dem, was üblicherweise als »Fegefeuer« bezeichnet wird. Diesen ›Zwischenzustand‹ werden vermutlich die meisten Menschen nach ihrem Tod durchzumachen haben. Wer kommt nach katholischer Lehrauffassung ins Fegefeuer und was erwartet ihn da? »Wer in der Gnade und Freundschaft Gottes stirbt, aber noch nicht vollkommen geläutert ist, ist zwar seines ewigen Heiles sicher, macht aber nach dem Tod eine Läuterung durch, um die Heiligkeit zu erlangen, die notwendig ist, in die Freude des

Himmels eingehen zu können.«[11] *»Die Kirche nennt diese abschlie-*
ßende Läuterung der Auserwählten, die von der Bestrafung der
Verdammten völlig verschieden ist, Purgatorium [Fegefeuer]. Sie
hat die Glaubenslehre in bezug auf das Purgatorium vor allem auf
den Konzilien von Florenz und Trient formuliert. Im Anschluß an
gewisse Schrifttexte spricht die Überlieferung der Kirche von einem
Läuterungsfeuer.«[12] In einem Kommentar zu diesem Passus liest
man weiter: *»Man muß glauben, daß es vor dem Gericht für gewis-*
se leichte Sünden noch ein Reinigungsfeuer gibt, weil die ewige
Wahrheit sagt, daß, wenn jemand wider den Heiligen Geist lästert,
ihm ›weder in dieser noch in der zukünftigen Welt‹ vergeben wird
(Mt. 12,32). Aus diesem Ausspruch geht hervor, daß einige Sünden
in dieser, andere in jener Welt nachgelassen werden können.«

Dasjenige, was hier dargestellt wurde, ist im Grunde *alles*, was die
katholische Kirche über das Leben des Menschen nach dem Tod bis
zum Weltenende weiß bzw. zu sagen hat!

Während ihre Lehren über das Leben im Himmel zwar nicht
falsch, aber doch äußerst dürftig sind und die Lehre von der Hölle
ein Unsinn ist, können die Darstellungen über das Fegefeuer noch
am ehesten als stimmig bezeichnet werden. Darauf werden wir an
späterer Stelle noch einmal zurückkommen.

Woher kommt es eigentlich, dass die beiden großen Kirchen so
wenig Verlässliches über das Leben des Menschen nach dem Tod
lehren können? Nun, das kommt im Wesentlichen daher, dass die
Kirchen davon ausgehen, dass die göttlich-geistige Welt sich *aus-*
schließlich bis vor etwa 2.000 Jahren den Menschen geoffenbart
hätte. Somit rechnen sie nur mit den Offenbarungen, die *Moses*, den
alten Propheten, den Evangelisten sowie den Verfassern der Apos-
telbriefe zuteil wurden. Nur diese Persönlichkeiten halten sie für
autorisiert, göttlich-geistige Wahrheiten zu verbreiten. Die kirchlichen Lehren basieren vorwiegend darauf, wie die Kirchenväter der
ersten nachchristlichen Jahrhunderte diese Texte übersetzt und aus-
gelegt haben. Diesen Status haben sie eingefroren. Lediglich wur-

den einige geringfügige Änderungen oder Ergänzungen durch den einen oder anderen Konzilsbeschluss vorgenommen. Alles, was seitdem durch die sogenannten »Neuoffenbarungen«, wie sie in erster Linie in den letzten Jahrhunderten durch geistige Seher und hohe Eingeweihte, allen voran Rudolf Steiner, in die Welt gekommen sind, ignorieren sie oder lehnen sie auf das Schärfste ab.

Stellen Sie sich vor, unsere Wissenschaften würden genau so verfahren! Dann würde zum Beispiel ein heutiger Astronom sagen: »Das, was die großen Astronomen bis vor gut 500 Jahren erforscht und veröffentlicht haben, war uneingeschränkt richtig. Mehr kann man über diese Dinge nicht wissen. Es gibt seitdem nichts mehr, was noch erforscht werden könnte. Alles, was Astronomen in neuerer Zeit gesagt haben, kann nur falsch sein.« Jedem Kirchenvertreter käme das absolut absurd vor, obwohl diese prinzipiell genau so verfahren.

Der sogenannte »Jüngste Tag«

Kommen wir noch kurz auf den Begriff »Jüngster Tag« zurück. Unstrittig ist, dass damit ein Zeitpunkt oder besser ein Zeitraum gemeint ist, in dem sich die Erdenverhältnisse sowie das Leben der Menschheit radikal verändern werden. Bisweilen spricht man auch vom »Weltuntergang« oder »Weltenende«.

Im konfessionellen Christentum geht man davon aus, dass dann die sogenannte »Auferstehung von den Toten« erfolge. Außerdem glaubt man, dass es von da an keinen unserer heutigen Erde vergleichbaren Weltenkörper mehr gäbe und dass sich das weitere Leben des Menschen nur noch in himmlischen Sphären abspielte. Auch glauben viele, dass dann die Entwicklung endgültig abgeschlossen und das Endziel der Menschheit erreicht wäre. Das ist aber gemäß den geisteswissenschaftlichen Erkenntnissen Rudolf Steiners *keineswegs* der Fall!

Es mag einige Leser überraschen, dass das große kosmische Gesetz der Reinkarnation nicht nur für den Menschen, sondern auch für unsere Erde gilt. Unsere Erde, auf der wir wohnen und unsere gegenwärtige Entwicklung durchmachen, ist ähnlich wie der Mensch ein *Wesen*. Genau wie der Mensch macht auch die Erde verschiedene Verkörperungen durch. Nach jedem Tod legt der Mensch seinen Körper ab, der sich in der Erdenwelt auflöst, und verbringt dann eine gewisse Zeit in den höheren Welten. Wenn er dann wiedergeboren wird, bezieht er einen neuen Leib. So kann man sich das auch bei dem Erdenwesen vorstellen. Nach jedem Untergang des planetarischen Systems zerstiebt alles Materielle. Alles, was physischer Natur ist, verschwindet. Das gesamte Leben spielt sich dann geraume Zeit nur im Geistigen ab. Anschließend wird die Erde in völlig neuer Gestalt wiedergeboren. Unsere Erde – und mit ihr das gesamte zu ihr gehörige Planetensystem – hat schon einige Verkörperungen hinter sich und noch weitere vor sich.

Die heutige Erde wird also in der Tat untergehen, es wird zum Erdentod, zum Wärmetod der Erde kommen. Aber es wird nach einer gewissen Übergangsphase, in der sich alles Leben nur im Geistigen vollzieht, eine *neue Erde* entstehen. Diesen neuen Weltenkörper hat Rudolf Steiner als *»Jupiter-Erde«* oder auch *»neuer Jupiter«* bezeichnet. Man darf diesen zukünftigen Weltenkörper natürlich *nicht* mit dem heutigen Jupiter verwechseln oder gar gleichsetzen. Auf die Entwicklungsstufe bzw. Verkörperung der Erde, die der heutigen folgen wird, also den neuen Jupiter, weist auch der Apokalyptiker *Johannes* hin. Er nennt ihn allerdings »Neues Jerusalem«. *»Und ich sah einen neuen Himmel und eine neue Erde. Denn der erste Himmel und die erste Erde sind vergangen. [...] Und ich sah die heilige Stadt, das Neue Jerusalem [...]«*[13]

Die Jupiter-Erde, die nicht etwa als Teil der geistigen Welt betrachtet werden darf, wird viel feinstofflicher sein als unsere heutige Erde, insbesondere wird es hier kein Mineralreich mehr geben. Auf dieser neuen Erde könnte ein dichter, materieller Leib, wie wir ihn heute tragen, nicht mehr existieren. Die Menschen, die auf der Jupiter-Erde eine Wohnstatt finden, werden dann einen ganz anderen Leib tragen, den man »Auferstehungsleib« nennen könnte. Geburt und Tod im heutigen Sinne wird es nicht mehr geben. Somit könnte man *plakativ* auch durchaus von der »Auferstehung von den Toten« sprechen. Es wird noch langer Zeiträume bedürfen, bis es zur Verkörperung unserer Erde als Jupiter-Erde kommen wird. Bis dahin werden wir alle noch viele Male ein Erdenleben und anschließend jeweils ein nachtodliches Leben durchmachen, um in unserer geistig-seelischen Evolution vorwärtszuschreiten, um uns die Reife für das Leben auf der neuen Erde zu erwerben. Aber selbst wenn wir in ferner Zukunft auf dem neuen Jupiter leben werden, haben wir lediglich ein erstes großes Etappenziel erreicht. Die Entwicklung ist damit noch lange nicht abgeschlossen. Im Grunde hört diese niemals auf.

Der 3. Irrtum

Über das Leben der Toten kann man nichts wissen.

ass heute viele Menschen Angst vor dem Tod haben, ist eine Tatsache, die sich nicht leugnen lässt. Woher rührt diese Angst?

Nun, diejenigen Zeitgenossen, die davon überzeugt sind, dass es *kein* Leben nach dem Tod gäbe, haben die große und durchaus nachvollziehbare Angst, nach ihrem Tod in ein großes Nichts zu fallen und ihre Existenz unwiderruflich zu verlieren.

Die meisten derjenigen, die an ein postmortales Leben glauben oder zumindest darauf hoffen, fürchten sich vor dem Unbekannten. Sie können sich nicht vorstellen, wie ein solches nachtodliches Leben verläuft, was sie da alles erwartet und um welche Aufgaben es geht. Der Grund für ihre Angst ist also in ihrer Unwissenheit begründet. Es ist doch ganz normal, dass man sich vor etwas fürchtet, was man nicht kennt, was man nicht einschätzen, was man nicht überblicken kann.

Nur wer sich schon in seinem Erdenleben zumindest ein wenig damit befasst hat, wie man sich das nachtodliche Leben vorstellen kann, wird diese Angst nicht haben. Selbst wenn man dann weiß, dass nach unserem Tod nicht nur angenehme und erfreuliche Dinge auf uns zukommen werden, wird man diese große Furcht vor dem ansonsten völlig Ungewissen nicht mehr aufweisen.

Die große Crux ist, dass es heute unzählige Menschen gibt, die sehr wohl von einem Leben nach dem Tod überzeugt sind oder zumindest daran glauben, aber die Meinung vertreten, dass man nichts darüber wissen könne, wie dieses Leben verläuft, was die Verstorbenen erfahren, erleben und durchmachen.

Dass es überhaupt zu einem solchen Irrtum kommen kann, ist wohl nur dadurch zu erklären, dass diese Zeitgenossen die Kirchen – insbesondere die katholische – für die einzige Autorität halten und sich ausschließlich auf deren sehr vagen und dünnen Lehren stützen.

Wie bereits im Vorwort erwähnt gibt es heute zahlreiche Quellen, die unfassbar viel über das Leben des Menschen nach dem Tod auszusagen vermögen. Allerdings gibt es keine zweite Quelle, der man so umfassende und ausführliche Erkenntnisse entnehmen kann wie der Anthroposophie. In keinem anderen Weltbild, in keiner anderen Geistesart findet sich eine so gewaltige Fülle von Darstellungen über die Welt und das Leben der sogenannten »Toten«.

Die Anthroposophie ist keine okkulte Lehre im herkömmlichen Sinne. Sie verbindet das, was man über das Sinnliche wissen kann, mit dem, was an Erkenntnissen nur aus geistigen Welten geschöpft werden kann. Rudolf Steiner sprach sich immer wieder entschieden gegen Dogmatismus aus, weil er jedwede Form von autoritativen Belehrungen als unzulässigen Eingriff in die menschliche Freiheit ansah. In jeder Kulturepoche der Menschheit wandelten große Eingeweihte auf der Erde, die als Geisteslehrer und Führer der Menschen des jeweiligen Zeitalters die großen geistigen Wahrheiten zu vermitteln hatten. Diese kann man gewissermaßen als Sendboten der geistigen Welt bezeichnen. Auch wenn die großen »kosmischen Wahrheiten« ewig gültig sind, so müssen diese doch den Menschen unterschiedlicher Epochen und Kulturen auf jeweils andere Art und Weise mitgeteilt werden. Für die Gegenwart – und auch noch für die nächsten Jahrhunderte – ist es die Anthroposophie, die den Menschen die geistigen Erkenntnisse in einer zeitgerechten Form, die mit den seelischen Kräften der heutigen Menschheit rechnet, schenkt.

In diesem Buch soll es ja ganz wesentlich darum gehen aufzuzeigen, was wir als Hinterbliebene für unsere lieben Toten leisten können, um ihnen ihr nachtodliches Leben zu erleichtern und zu bereichern (☛ Kapitel *Der 7. Irrtum*). Daher ist es auch völlig hinreichend, wenn wir den Blick auf das lenken, was ein Verstorbener in den *ersten Jahrzehnten* nach dem Tod erlebt und erfährt. Zum einen werden Verstorbene, die schon seit vielen Jahrzehnten oder gar Jahrhunderten in den übersinnlichen Welten weilen, nicht mehr *so sehr* unserer Hilfe bedürfen, zum anderen wird man nicht geneigt sein, einen verstorbenen Menschen zu begleiten, den man kaum kennengelernt und mit dem man nicht eine gemeinsame Wegstrecke zurückgelegt hat.

Es kann und soll uns in diesem Buch allerdings *nicht* darum gehen, das Leben, das ein Mensch, der in der gegenwärtigen Erdenepoche durch die Pforte des Todes schreitet, in den ersten Jahrzehnten in den übersinnlichen Welten führt, so genau und ausführlich wie möglich zu schildern. Einem Leser, der hierzu Näheres erfahren möchte, kann unser Buch *»Das Götterprojekt Mensch«* (☛ S. 179) empfohlen werden.

Wir wollen im Folgenden nur die ersten großen Stationen des nachtodlichen Lebens in mehr aphoristischer Form skizzieren, wie es als Voraussetzung für das Verständnis dessen, was in den folgenden und insbesondere im zentralen Kapitel *»Der 7. Irrtum«* erläutert werden soll, hinreichend ist.

Halten wir noch einmal fest: Eine nachtodliche Existenz ist für den Menschen nichts Einmaliges! Jeder Mensch durchläuft das Leben nach dem Tod viele Male. Auf unserem unerdenklich langen Weg, der für unsere geistig-seelische Vervollkommnung notwendig ist, haben wir alle bereits viele Erdenleben durchgemacht und werden noch viele weitere durchmachen. Nach jedem Tod waren wir für lange Zeit, die sich im Durchschnittsfall nach Jahrhunderten bemisst, in der Welt der Toten, bis wir wieder durch die Geburt ins Erdendasein geschritten sind.

Die Welt der Toten

Der Mensch verlässt im Augenblick des Todes unsere physische Welt, um in eine andere ›einzutreten‹. Es soll zunächst einmal mit der auch heute in einigen Kreisen immer noch herrschenden naiven Anschauung aufgeräumt werden, dass diese Welt, die der Tote nun ›betritt‹, irgendwo fernab im Universum läge und letztlich auch materieller Art wäre. Die Welten, in denen der verstorbene Mensch nun für lange Zeit weilt, sind selbstverständlich immaterielle, übersinnliche Sphären. Diese sind mit den Sinnen eines lebenden Menschen und somit auch mit den Methoden unserer heutigen Naturwissenschaften nicht zu erreichen. Für die äußere, rein sinnliche Anschauung *scheinen* diese Welten nicht zu existieren. Egal wie intelligent und leistungsfähig die Präzisionsmessinstrumente unserer Wissenschaftler in der Zukunft auch immer werden mögen, so werden sie doch niemals geeignet sein, dass die Forscher mit ihrer Hilfe etwas Geistiges wahrnehmen, beobachten und studieren können. An die Welt der Toten und an die Toten selbst kommen sie niemals heran.

Die erste Welt, mit welcher der Verstorbene unmittelbar nach seinem Tod Bekanntschaft macht, ist die *»Ätherwelt«*, der er immer schon dadurch angehörte, dass er einen Ätherleib trägt. In dieser verbleibt er nur wenige Tage, um dann in die *»Astralwelt«* – man könnte sie auch *»Seelenwelt«* nennen – ›einzutreten‹. Da der Mensch einen Astralleib bzw. eine Seele besitzt, ist er auch mit dieser Welt verwandt. Sehr viel später – im Durchschnittsfall erst nach vielen Jahrzehnten – ›geht‹ er dann in die *»geistige Welt«* oder *»Geisteswelt«*, die in den meisten Religionen *»Himmel«* und in fernöstlichen Traditionen häufig *»Devachan«*, was mit »Gebiet der Götter« übersetzt werden kann, genannt wird. Sowohl in der Seelenwelt als auch in der Geisteswelt kann man *sieben* verschiedene Regionen unterscheiden. Es gibt also tatsächlich den sprichwörtlichen »siebten Himmel«, die höchste Region der geistigen Welt. Alle Regionen korrespondieren mit Planetensphären (☛ Anhang,

Tabelle 3, S. 165). Für die Zwecke dieses Buches ist es nicht notwendig, näher auf diese einzelnen Regionen und Planetensphären einzugehen.

Es wäre ganz falsch, wenn man bei dem, was hier als »Welten« oder »Regionen« bezeichnet wird, an irgendwelche abgegrenzte Räumlichkeiten oder Orte denken würde. Der Begriff des dreidimensionalen Raumes hat nur in unserer physischen Welt eine Bedeutung. Wenn man sagt, irgendein Wesen *befinde* sich in einer übersinnlichen Welt, also etwa in der Seelenwelt, so ist das so zu verstehen, dass dieses Wesen in einem *Bewusstseinszustand* ist, der ihm erlaubt, diese Welt als solche zu erkennen und in ihr wahrnehmen zu können.

Unsere physische Welt wird von den höheren Welten durchzogen. Man muss sich *alle* Welten, die zusammen *ein Ganzes* bilden, als miteinander verwoben denken. Die übersinnlichen Welten sind also *überall*. Die verschiedenen Welten und Regionen durchdringen, durchziehen und durchströmen sich, etwa so wie sich in der Sinneswelt verschiedene Luftströme oder Flüssigkeiten durchdringen können. Daraus folgt, dass diese höheren Welten *nicht* fernab von der Erdenwelt sind, wie es insbesondere der in diesem Zusammenhang häufig benutzte Ausdruck »Jenseits« suggerieren könnte. Die geistig-seelischen Wesen, also auch die Verstorbenen, sind lediglich in einer Sphäre, die *jenseits* der Wahrnehmungsfähigkeit des heutigen Durchschnittsmenschen liegt.

Da sich alle Welten gegenseitig durchdringen, ist es auch durchaus richtig zu sagen, dass unsere Toten immer *um uns herum* sind. Auch wenn es unsere Bewusstseinsschwelle nicht überschreitet, so lebt im Grunde jeder Mensch, unabhängig davon, ob er ver- oder entkörpert ist, ständig in allen diesen Welten. Die Toten sind also immer da, gewissermaßen immer in unserer Nähe. Die Trennung, die wir empfinden, wird lediglich dadurch *suggeriert*, dass wir keine Organe haben, um die höheren Welten und die Toten wahrnehmen zu können. **»Nur durch Bewußtseinszustände sind wir getrennt von den geistigen Welten; nicht durch Raumesverhältnisse, durch Bewußtseinszustände sind wir getrennt.«**[1]

Man würde auch ganz fehlgehen, wenn man sich die Welten, in denen die Toten weilen, ähnlich unserer physischen Welt vorstellen würde. Alle Erlebnisse und Erfahrungen, welche die Toten in diesen Welten machen, sind völlig anderer Art und ungleich mannigfaltiger als alles, was wir auf der Erde erleben können. Schon die Vermutung, man würde nach dem Tod ähnlich denken, fühlen, wahrnehmen und erleben, wie wir es aus unserem Erdenleben gewohnt sind, erschwert das Verständnis für den nachtodlichen Weg des Menschen gewaltig. Auch sollte man nicht etwa annehmen, dass die übersinnlichen Welten einen schattenhaften, irrealen oder nebulösen Charakter hätten. Diese höheren Welten und das, was man in diesen erleben und erfahren kann, sind ungleich realer, lebendiger und wirklichkeits-gesättigter als alles, was man aus der Sinneswelt kennt. Bei allem, was man in der sichtbaren Welt wahrnehmen kann, handelt es sich nur um schwache und schattenhafte Abbilder von Realitäten aus höheren Welten.

Die erste Zeit nach dem Tod

Man kann durchaus davon ausgehen, dass der Augenblick des Todes sowie vieles, was nahezu *jeder* verstorbene Mensch in den ersten Stunden und Tagen nach seinem Übergang erleben darf, durchaus als erhaben, großartig und beglückend bezeichnet werden darf.

Ähnlich wie ein farbenprächtiger Schmetterling sich der Puppe entringt und die Hülle zurücklässt, hat sich seine Seele aus dem physischen Körper befreit und diesen als Leichnam zurückgelassen. Der soeben Verstorbene muss sich wie geblendet fühlen von dem alles überstrahlenden Bewusstseinslicht, das ihn jetzt erhellt. Ein solch helles, lichtes und klares Bewusstsein hätte er zu Lebzeiten nicht für möglich gehalten.

Im Erdenleben war es einem nicht-hellsichtigen Menschen zu keinem Zeitpunkt möglich, seinen persönlichen Engel, den man auch »Schutzengel« nennen könnte, wahrzunehmen. Es war ihm freigestellt, an ihn zu glauben oder ihn ins Reich der Fabeln zu verweisen. Nun unmittelbar nach dem Tod kann er seinen Engel, der schon seit seiner allerersten irdischen Inkarnation an seiner Seite ist, erstmals wirklich als konkretes geistiges Wesen erkennen. Die Wahrnehmung dieses strahlenden Geistwesens, das ihn in sein neues Dasein führt, kann er nun ganz real haben. Auch in der gesamten Zeit nach dem Tod bis zur neuen Geburt wird der Engel immer bei ihm bleiben und ihm auf vielen Ebenen hilfreich zur Seite stehen. Ob der Verstorbene in der Lage ist, dieses Wesen *gleich* als seinen Engel zu erkennen, hängt davon ab, ob er sich zu Lebzeiten Vorstellungen über ihn gebildet hat.

Auch in der »Lazarus-Erzählung« (Vers 22) heißt es, dass es ein Engel gewesen sei, der Lazarus getragen habe.

Der Verstorbene ist jetzt wieder zu seinem Ursprung, in seine eigentliche Heimat, zurückgekehrt, die er im Grunde nie verlassen hatte, wenngleich ihm sein Tagesbewusstsein das stets verschleierte. Auch wird er einige vertraute Menschenseelen treffen, die schon vor ihm durch die Pforte des Todes gegangen sind und ihn nun willkommen heißen. Möglicherweise ist er soeben sogar dem Christus begegnet. Diese überaus erhabene Begegnung ist durchaus möglich, sofern der Verstorbene sich im Erdenleben bemüht hat, ein Verständnis und eine Beziehung zu dem Christus zu finden.

Die hellsichtige Psychologin *Dr. Iris Paxino* schreibt über den Todesmoment aufgrund ihrer Geistesschau: *»Der Sterbeaugenblick eines Menschen ist nie ein Einsamkeitsmoment. Das irdische Licht des über die Schwelle Gehenden verlöscht, doch sein geistiges Licht leuchtet auf. Die Hierarchien* [gemeint sind die insgesamt neun verschiedenen Engelreiche (☛ Anhang, Tabelle 2, S. 162ff.)] *erwarten und empfangen ihn in einer erhabenen Feierstunde. Das, was sich für die Welt der Hinterbliebenen verdunkelt, erstrahlt auf der anderen Seite in einem lichtvollen geistigen Festakt. [...] Für den Verstorbenen selbst ist es ein sakraler Augenblick, in welchem seine Individualität, eingebettet im Licht einer höheren geistigen Wirklichkeit, zu sich selbst aufersteht.«*[2]

Alles, was der durch die Pforte des Todes Geschrittene nun an Eindrücken, Erfahrungen und Erlebnissen gewinnen kann, ist radikal verschieden von dem, was er von der Erdenwelt her kannte. Er hat seinen physischen Leib, den er seit seinem Eintritt ins Erdendasein nun zum ersten Mal *von außen* anschaut, hinter sich gelassen. Damit fehlt ihm das vertraute Instrument, das ihm zeit seines Erdenlebens die Grundlage für sein Selbstbewusstsein gegeben und gute Dienste geleistet hatte. Er hat nun keine Organe mehr, die ihm Eindrücke von der Sinneswelt vermitteln können. Dafür gehen ihm nach und nach höhere Sinne auf, die es ihm gestatten, in den höheren Welten Wahrnehmungen und Erlebnisse haben zu können. Zu Lebzeiten kann diese Wahrnehmungen und Erlebnisse nur ein hellsichtiger Mensch in einem ›außerkörperlichen‹ Zustand haben. Alles, was der Verstorbene im Leben durch die Sinne aufgenommen hat, kann er nur als *Erinnerung* mit durch die Pforte des Todes nehmen. Das Gleiche gilt für alle Vorstellungen, die er sich zu Lebzeiten gebildet hat, sofern diese durch Sinneseindrücke veranlasst worden sind.

Der Tote hat sofort das Gefühl, dass er jetzt in einem völlig anderen Verhältnis zur Welt steht, als es zu Lebzeiten der Fall gewesen ist. Dieses neue Verhältnis empfindet er als geradezu umgekehrt, als radikal umgekehrt.[3] Als er noch auf der Erde weilte, war er es gewohnt, auf dem festen, materiellen Erdboden zu stehen. Wenn er nach oben schaute, sah er das blaue Himmelsgewölbe mit den Sternen. Er selbst fühlte sich im Inneren, mittendrin in dieser scheinbaren ›Hohlkugel‹, fest auf der Erde stehend. Nun aber muss er eine regelrecht umgekehrte Vorstellung ausbilden. Er ist jetzt außerhalb dieser blauen Kugel, in der er sich früher wähnte. Er sieht sie jetzt von außen an. Dabei erscheint sie ihm wie ein **»zusammenge-schrumpfter Stern«**.[4] Von der Sternenwelt, in die er sich nach und nach ausbreitet, hat er zunächst kein Bewusstsein. Er hat anfangs nur ein Bewusstsein von dem, was er verlassen hat, also von dem, was er im Erdendasein vermöge seiner Sinnesorgane und seines an das physische Gehirn gebundenen Verstandes schauen, erleben und erfahren konnte. Es ist etwas Ähnliches vorgegangen, wie **»wenn** mit bewußtem Erleben ein Küchlein, das in der Eierschale darinnen ist, diese zerbricht und nachher die zerbrochene Eierschale, die es bisher umschlossen hat, seine bisherige Welt, von außen statt von innen ansieht.«[4] Zusammengeschrumpft zu einem Stern ist das, was ihm vorher den Inhalt seines Bewusstseins gab. Von diesem Stern ausgehend breitet sich etwas aus, was man »**erstrahlende kosmische Weisheit**«[4] nennen könnte.

Während seines Erdenlebens fühlte er sich abgeschlossen in den Grenzen seiner Haut, die seinen physischen Körper einhüllte. Die ganze große Welt erlebte er als etwas, was außerhalb seiner war und mit ihm nicht viel zu tun zu haben schien. Er empfand sich als einen winzigen Punkt im riesigen Universum. Diese Sichtweise wird nun unmittelbar nach dem Tod eine völlig andere. In dem Moment, in dem er seinen physischen Körper verlassen hat, geht er in allem auf, was außerhalb dieses Leibes ist. Das Übersinnliche seines physischen Leibes ist in der ganzen Welt zu suchen, soweit man sie nur ahnen kann. Es offenbart sich dort als ein *»Kräfteorganismus«*, als ein *»Kräftekosmos«*. Der verstorbene Mensch muss sich völlig neu orientieren. Er hat schon kurze Zeit nach dem Tod das Gefühl, wie wenn er wachsen würde, wie wenn er größer und größer würde, wie wenn er sich nach allen Richtungen sphärisch ausdehnen würde. Früher hat er sich als ein durch seine Haut abgeschlossenes, eng begrenztes Wesen empfunden, dem die ihn umgebende schier unendliche Welt wie eine Außenwelt erschienen ist. Jetzt wird diese Außenwelt zur Innenwelt. Seine frühere Innenwelt wird zur Außenwelt. Er breitet sein ganzes Wesen in den Kosmos aus. Er schaut sich nun von außen an. Er wird immer größer und größer. Das was früher sein Mikrokosmos war, wird nun zum Makrokosmos. Er bekommt den Eindruck, als ob sich sein Wesen über alles ergießen würde, was außerhalb seiner ist. Er taucht gleichsam in die Dinge unter und fühlt sich eins mit ihnen.[5]

Man muss sich die Tatsache, dass nun nach dem Tod die Innenwelt zur Außenwelt und die Außenwelt zur Innenwelt wird, einmal ganz klarmachen. Stellen Sie sich vor, diese Umkehrung fände in einem ganz normalen Erdenleben statt. Alles, was Sie als Ihre Außenwelt, als Ihre Umwelt erkennen und auffassen, also Berge,

Seen, Bäume, Wolken, Bauwerke, sämtliche Wesen usw., wären dann gewissermaßen in Ihnen drin. Sie würden diese als Ihr Inneres empfinden. Somit ist auch nachvollziehbar, dass Ihre Wesenheit dann zwangsläufig immer größer werden würde, um die ganze Umwelt aufnehmen zu können. Andererseits würde alles, was Sie normalerweise als Ihre Innenwelt bezeichnen, also Ihre Gedanken, Gefühle, Erinnerungen, Vorstellungen usw., nach außen gekehrt. Sie würden dann auf Ihre Gedanken, Gefühle, Erinnerungen usw. so schauen können, wie Sie ansonsten auf Berge, Seen, Gebäude, andere Wesen und dergleichen schauen.

Nun muss noch ein weiterer Aspekt charakterisiert werden, der dem Verstorbenen sofort den Eindruck vermittelt, jetzt in völlig anderen Verhältnissen zu leben. Im Erdendasein hatte er einen Zusammenhang mit den Mineralien, Pflanzen, Tieren und Menschen. Das Mineralreich bildete gewissermaßen den festen Boden, auf dem er stehen konnte. Wenn er mit den Mineralien und Pflanzen zusammenkam, hatte er es mit Wesen zu tun, die keinen Astralleib, die also nichts Seelisches haben. So konnte er beispielsweise stundenlang einen Stein behauen und bearbeiten, ohne dass dieser Schmerzen oder dergleichen empfinden und signalisieren konnte. Auch eine Pflanze konnte ihm keine Freude anzeigen, selbst wenn er sie noch so liebevoll gehegt und gepflegt hat. In diesem Fall konnte er allenfalls viel später an dem Gedeihen der Pflanze die Wirkungen seiner Handlung ablesen. Erst im Zusammenleben mit Tieren und Menschen hatte er es mit Wesen zu tun, bei denen durch seine Handlungen Gefühle ausgelöst wurden, die ihm offenbar werden konnten.

In der Seelen- bzw. Astralwelt, in der er sich wenige Tage nach dem Tod für lange Zeit befindet, ist von dem Mineral- und Pflanzenreich nichts mehr vorhanden. Das Unterste, was er hier vorfindet, ist das Seelische, das Astralische der Tiere. Natürlich befinden sich hier nicht die einzelnen Tiere, aber eben das Astralische der gesamten Tierwelt. Dann kommt schon das Seelische der Menschen und der höheren Wesenheiten, also im Wesentlichen das der Engelwesen, in Betracht. Es gibt in der Seelenwelt nichts, was nicht selbst seelischer Natur wäre. Was hat das für den Toten für Konsequenzen? Die Folge ist, dass er jetzt absolut nichts mehr tun kann, was in seiner Umgebung nicht sofort und ganz unmittelbar Freude, Lust, Schmerzen, Leid usw. auslösen würde. Er könnte – bildlich gesprochen – jetzt nicht einmal mehr einen Finger krümmen, ohne dass andere Seelenwesen dadurch Sympathien oder Antipathien, Freude oder Schmerz empfinden würden. Er muss sich daran gewöhnen, dass *alles*, was er nun macht oder denkt, auf eine ganz ungewohnte Resonanz stößt. Diese Resonanz ist so etwas wie ein Korrektiv, das ihm hilft, sich in die neuen Verhältnisse einzugewöhnen und sich ihnen anzupassen.

Der Tote erfüllt dadurch, dass er sich immer weiter ausdehnt, also schon bald einen sehr großen Teil der Welt, mit Ausnahme eines kleinen Raumes, der für seine Anschauung immer leer bleibt. Das ist derjenige Raum, den er in seinem Erdenleben mit seinem physischen Leib ausgefüllt hat, als er die Sinneswelt verließ. Auf diese Leere kann er nun immer wieder blicken. Das führt ihn zu einer mächtigen inneren Erfahrung, zu einem gewaltigen Erlebnis. Dadurch steigt ein Empfinden auf, das einen großen Teil von dem ausmacht, was man als das nachtodliche Leben bezeichnen könnte. Es ist jenes Empfinden, das ihm klarmacht, dass er einen wichtigen Platz im Erdenleben eingenommen hatte, einen Platz, den kein anderer ausfüllen kann. Er weiß nun, dass er ein wichtiger Baustein in der Welt war, ohne den die Welt nicht das sein könnte, was sie ist. Selbst dann, wenn er nach menschlichen Maßstäben nichts Besonderes im Erdenleben vollbracht hat, weiß er nun, dass er in der Welt eine Bedeutung hatte, dass er eine wichtige Rolle gespielt hat, die von keinem anderen Menschen ausgefüllt werden könnte. Ohne ihn wäre die Welt unvollständig. Immer wieder kann er auf diese Leere schauen, die ihm dieses Gefühl vermittelt, dass er in der Welt zu etwas nütze ist.

Unmittelbar nach dem Tod ist der Ätherleib frei von dem starren physischen Gehirn, das der Tote mit seinem Leichnam der Erdenwelt übergeben hat. Dadurch werden jetzt sämtliche Erinnerungen an das abgelegte Erdenleben frei. Alle diese Erinnerungen tauchen nun vor dem Seelenauge des Verstorbenen als ein gewaltiges Panorama, das sogenannte *»Lebenspanorama«*, auf. **»Wie mit einem Schlage steht das verflossene Erdenleben vor der Seele.«**[6] Wie in einem großen Panorama sieht er Bilder seines ganzen abgelaufenen Lebens vor sich. Alles, was er denkend oder vorstellend in seinem Leben erlebte, taucht in diesen Bildern auf. Die schier unendlich vielen Bilder dieses Panoramas umgeben ihn nun in einer *ähnlichen* Weise wie ihn im Erdenleben Berge, Wälder, Sonne, Mond und Sterne umgeben haben. In mächtigen Bildern sind *gleichzeitig* sowohl solche Ereignisse da, die erst kurz vor dem Tod, als auch diejenigen, die schon in seinen mittleren Lebensjahren oder in seiner Kindheit stattfanden. Der Tote sieht in diesen Tagen von seinem individuellen Gesichtspunkte aus insbesondere alles dasjenige, woran er selbst beteiligt war, was für ihn eine Bedeutung hatte. Er sieht die Beziehungen, die er im Leben zu anderen Menschen hatte in der Weise, dass ihm gewahr wird, welche Früchte diese Beziehungen für ihn selbst getragen haben. Bei allem und überall sieht er sich im Mittelpunkt. In dieses Tableau sind auch die Bilder solcher Erlebnisse einverwoben, die ihm zu Lebzeiten gar nicht bewusst geworden sind, die aber doch einen Eindruck in seiner Seele hinterlassen haben. In dem Maße wie ihm das irdische Dasein entschwindet, taucht alles, was er von seiner Geburt an bis zu seinem Tod in der Welt erleben konnte, auf. Dieses ganze Leben hat er nun als ein intensiv lebendiges, mit deutlichem Bewusstsein durchzogenes Bilderpanorama vor sich. Alles erscheint ihm so hell und überdeutlich, als wären es gar keine Erinnerungen, sondern etwas, was er gerade frisch erlebt.

Er sieht nicht nur diese Bilder, sondern es lebt auch alles wieder auf, was er in irgendeiner Weise jemals erlebt oder getan hat. Jedes einzelne Gespräch, das er mit Menschen geführt hat, ›hört‹ er jetzt wieder, alles das, was er mit anderen Menschen zusammen erfahren hat, was er mit ihnen ausgetauscht hat, erfährt er nun wieder. Diese Rückschau ist nicht von Gefühlen und Empfindungen durchzogen. Der Verstorbene gibt sich ganz passiv dieser Rückschau hin. Er betrachtet das Lebenspanorama mit der nüchternen Distanz eines neutralen Beobachters. »Man steht diesem Erinnerungstableau ebenso objektiv gegenüber wie einem Gemälde. Wenn dasselbe einen Menschen darstellt, der traurig, der von Schmerzen erfüllt ist, so sehen wir ihn objektiv an. Wir können wohl seine Traurigkeit nachfühlen, doch empfinden wir nicht unmittelbar den Schmerz, den der Mensch gehabt hat. So ist es mit den Bildern dieses Tableaus unmittelbar nach dem Tode: es breitet sich aus, und man sieht in Zeiträumen, die erstaunlich sind, weil sie so kurz sind, alle Einzelheiten, die sich im Leben zugetragen haben.«[7]

Während dieser »*Lebensrückschau*« wird er von seinen Erlebnissen derart in Beschlag genommen, dass er sich noch nicht intensiv anderen Seelen – weder denen von verstorbenen noch von lebenden Menschen – zuwenden wird. Er hat mit sich und seiner Welt genug zu tun. Diese Art der Rückschau, der Rückerinnerung ist außerordentlich wichtig, da aus ihr eine Kraft fließt, die er benötigt, um im ganzen Leben nach dem Tod sein Ich-Bewusstsein aufrechterhalten zu können, um weiterhin ein selbstbewusstes und eigenständiges Wesen bleiben zu können.

Diese Erinnerungsbilder werden nach zwei, drei Tagen immer schwächer, bis sie schließlich nach spätestens etwa vier Tagen ganz verglimmen. Dieser Prozess geht damit einher, dass der Verstorbene jetzt den größten Teil seines Ätherleibs ablegt. Nur einen kleinen Teil nimmt der Mensch als unvergängliche Essenz, als Frucht seines Lebens mit auf seinen weiteren nachtodlichen Weg.

Solange der Tote den Ätherleib noch nicht abgelegt hat, kann er immer noch alles dasjenige denken, was er während seines physischen Daseins denken konnte. Wenn er ihn dann – etwa drei Tage nach seinem Tod – gewissermaßen als seinen zweiten Leichnam abgelegt hat, so bleibt dieser ihm doch für sein ganzes weiteres nachtodliches Leben sichtbar. Der Ätherleib vereinigt sich mit dem Kosmos, aber das, was da mit ihm geschieht, bleibt für den Toten immer wahrnehmbar. Dasjenige, was er zu irdischen Lebzeiten an Gedanken in sich trug, das schaut er dann als etwas, was der Welt einverwoben wurde, so dass es jetzt zu seiner Welt, nicht zu seinem Ich gehört.

Das Leben in den ersten Jahrzehnten nach dem Tod

Sie kennen sicherlich die Redensart: »Wenn ein Kind stirbt, so nimmt Gott es sofort zu sich in den Himmel auf.« Diese hat durchaus ihre Berechtigung. Wenn ein Erwachsener stirbt, so geht er durch die ›Pforte des Todes‹, sozusagen ›nach vorne‹, ›in die Zukunft hinein‹. Kinder sind noch sehr eng mit der Geisteswelt verbunden, aus der sie ja erst kürzlich heruntergestiegen sind, die sie eigentlich noch gar nicht zur Gänze verlassen haben. Ein Kind geht im Augenblick des Todes gewissermaßen ›rückwärts‹ wieder durchs ›Himmelstor zurück‹, durch das es erst vor kurzer Zeit ins Erdenleben geschritten ist und das für es noch offen steht. Ein verstorbenes Kind wird von sehr hohen Engelwesen mit großer Huld und Gnade empfangen.[8] Diese geistigen Wesen, die man durchaus als »Götter« bezeichnen kann, sind von einer viel größeren Erhabenheit als es Gott in der Vorstellung der meisten Menschen ist. Somit ist nachvollziehbar, wenn gesagt wird, dass verstorbene Kinder nach ihrem Tod sofort wieder *von Gott* aufgenommen würden.

Ein Mensch, der im Erwachsenenalter gestorben ist, muss, nachdem die Lebensrückschau nach etwa drei, vier Tagen vorüber ist, zunächst die Seelenwelt oder Astralwelt durchlaufen.

In diesen insgesamt sieben Regionen ist es in erster Linie seine Aufgabe, sich von allem zu befreien, was in der Geisteswelt keine Bedeutung und keine Berechtigung hat.

Die *ersten vier* Regionen der Seelenwelt sind nichts anderes als das, was die katholische Kirche »*Fegefeuer*« nennt. Da dieser Begriff zu assoziations-beladen ist, hat Rudolf Steiner stattdessen das Sanskritwort »*Kamaloka*« gewählt, das mit »Ort der Begierden« oder »Ort des Verlangens« übersetzt werden kann. Natürlich darf man den Begriff »Ort« auch hier nicht wörtlich nehmen. Selbstverständlich ist auch mit Kamaloka wieder ein bestimmter Bewusstseinszustand bzw. eine bestimmte Erfahrungs- oder Seinsebene gemeint.

Während wir bisher den Menschen, der durch die Pforte des Todes geschritten ist, immer als »Verstorbenen« oder »Toten« bezeichnet haben, wollen wir ab jetzt einfach vom »Menschen« reden, denn das ist und bleibt er auch nach seinem Tod. Er ist lediglich kein *verkörperter* Mensch mehr und somit für andere verkörperte Menschen, die nicht hellsichtig sind, unwahrnehmbar.

Solange der Mensch die Erlebnisse durchzumachen hat, die er im Kamaloka haben kann, dehnt er sich in seiner geistig-seelischen Wesenheit so weit aus, bis er in etwa den kugelförmigen Raum ausfüllt, der sich durch die Erdumlaufbahn des Mondes als äußere Grenze ergibt. Für ihn entsteht der Eindruck, wie wenn der Erdenkörper bis dahin erweitert wäre, wo der Mond die Erde umkreist. Der Mensch wird so groß, dass seine äußerste Grenze mit der Sphäre zusammenfällt, die durch die Stellung des Mondes markiert wird. So wie er sich im Erdenleben durch seine Haut begrenzt und abgeschlossen gefühlt hat, fühlt er sich jetzt durch die Mondenbahn begrenzt. Er wird also in gewisser Weise zum ›Mondbewohner‹. Das ist natürlich nicht etwa so zu verstehen, dass er nun auf dem Mond herumspaziert, sondern dass sich sein Bewusstseinshorizont bis zu dem Umkreis erweitert, den der Mond um die Erde nimmt, so dass er einen Zugang zu allem erhält, was sich in dieser Sphäre abspielt, was dort webt und west.

Alles, was der Mensch in der Kamalokazeit durchzumachen hat, ist in gewisser Weise von höchstem erzieherischen Wert und keinesfalls als Strafe aufzufassen.

Zu Lebzeiten war seine Seele das *Bindeglied* zwischen seinem physischen Leib und seinem Geist. Sie hatte die Aufgabe, dem Geist die Richtung nach dem Physischen zu geben, um dort alles aufzunehmen, was eben nur im Physischen erlebt und aufgenommen werden kann. Mit dem Tode ist der Leib weggefallen. Nun müsste es sogleich die Aufgabe der Seele sein, nur noch nach dem Geistigen zu streben. Diese Aufgabe könnte sie auch erfüllen, wenn sie im Leben in ihren Neigungen nicht *zu sehr* zum physischen Leib und allem, was dieser sowie die Sinneswelt ihr bieten konnten, hingezogen worden wäre. Sie nimmt also noch eine mehr oder weniger starke Hinneigung zum Sinnlichen mit in die höheren Welten, in denen Sinnliches keine Berechtigung mehr hat. In dem Astralleib, den der verstorbene Mensch zusammen mit seinem Ich noch hat, stecken all diejenigen Begierden, Triebe, Wünsche und Vorstellungen, die nur in der Sinneswelt befriedigt werden können. Diese müssen nun abgestreift werden. All dieser Wünsche, Triebe und Begierden muss der Mensch sich nun entwöhnen; er muss sie überwinden, um zunächst in die höhere Seelenwelt und dann in die geistige Welt eintreten zu können. Da sein Astralleib noch mit dem Rest des Ätherleibes, den er nicht abgelegt hat, verbunden bleibt, hat der Mensch auch noch die *Erinnerung* an all dasjenige, was er im Erdenleben an Sinnlichem geliebt und genossen hat. Das muss er jetzt mehr und mehr vergessen. Dieser Prozess des Vergessens und Abgewöhnens kann durchaus qualvoll sein. »Was ist denn im Grunde genommen Kamaloka, jene Durchgangszeit des Menschen, die da liegt vor seinem Eintritt in das Devachan, in die eigentliche geistige Welt? Dieses Kamaloka ist da, weil der Mensch unmittelbar nach dem Tode nicht vergessen kann seine Neigungen, seine Begierden, seine Genüsse, die er im Leben gehabt hat.«[9]

In der ersten Region der Seelenwelt, also zu Beginn seiner Kamalokazeit, muss der durch die Pforte des Todes geschrittene Mensch seine niedrigsten und gröbsten Begierden austilgen. Er hängt immer noch an den Sinneseindrücken, die er in seinem Leben haben konnte. Er kann für lange Zeit immer noch die Begierde, immer noch das Verlangen haben, sinnlich wahrnehmen und empfinden zu können. Er sehnt sich danach, mit Augen sehen, mit Ohren hören, mit Zunge und Gaumen schmecken zu können usw. Die Organe, die ihm solche Eindrücke bescheren könnten, hat er aber im Augenblick des Todes mit seinem physischen Leib abgelegt. In der Welt, in der er nun ist, haben Sinneseindrücke keine Bedeutung mehr; sie sind hier nicht mehr möglich. Solange er noch ein Verlangen nach diesen Sinneseindrücken, nach diesen sinnlichen Genüssen hat, verbleibt er in dieser Region. Es ist hier die Aufgabe der Seele, sich dieses Begehren abzugewöhnen. Dieses Entwöhnen, das mit einer Entziehungskur verglichen werden könnte, *kann* für die Seele einen sehr schmerzlichen Prozess darstellen.

Wenn der Seele das Bewusstsein für die zweite Region der Seelenwelt aufgeht, wird sie sich schon – zumindest weitgehend – von der Begierde nach Sinneseindrücken und sinnlichen Genüssen befreit haben. Sie begehrt aber immer noch nach solchen *Gedanken*, die sie im Erdenleben gewohnt war, also solchen, die sie nur durch das Instrument des physischen Gehirns haben konnte. Sie möchte immer noch so denken können, wie sie auf der Erde gedacht hat. Ebenso wie der Mensch jetzt in den höheren Welten nicht mehr sinnlich wahrnehmen kann, kann er auch nicht mehr auf die gewohnte Art denken. Schließlich fehlen ihm nun nicht nur die Sinnesorgane, sondern auch das physische Gehirn. Die Seele muss lernen, dass das ihr vertraute abstrakte, schattenhafte Denken in den übersinnlichen Welten keine Bedeutung mehr hat. Sie muss es sich abgewöhnen. Sie muss erkennen lernen, dass das ihr bekannte Denken nur in der Zeit zwischen Geburt und Tod möglich und berechtigt ist.

Eine *besondere* Verwandtschaft zu dieser Region weisen diejenigen Menschen auf, die sich im Erdenleben sehr stark von Äußerlichkeiten beeinflussen ließen, die in den vielen Nichtigkeiten, die das Leben bietet, aufgingen. Solche Seelen konnten ihre Sympathien keiner Sache in besonderem Maße zuwenden. Sie zeigten mal für dieses, mal für jenes Interesse, sie gingen heute diesem, morgen jenem Zeitvertreib nach. Auch hier fehlen natürlich wieder die physischen Möglichkeiten, um diesen Drang zu befriedigen, was die Seele wiederum eine Zeit lang als sehr schmerzlich erleben wird.

Nachdem sich die Seele ihrer Begierden nach Sinneseindrücken und nach der Art des Denkens, wie es nur in der physischen Welt möglich und berechtigt ist, entledigt hat, bleibt ihr immer noch ein

Zusammenhang mit dem Erdenleben durch ihre *Wünsche*, und zwar durch solche, die sich ausschließlich auf Sinnliches beziehen. Diese Wünsche haben eine viel tiefere Verwandtschaft zu der Seele als etwa die Gedanken. Was und wie ein Mensch denkt, hängt sehr stark von seiner ganz normalen irdischen Entwicklung ab. Wenn er in seinen mittleren Jahren ist, wird er ganz andere Gedanken hegen als in seiner Jugend oder Kindheit. Im Alter wird er wiederum gänzlich andere Gedanken bewegen. Natürlich werden sich auch seine Wünsche im Laufe seines Lebens ändern, aber nicht so radikal. Die Wünsche haben häufig während des ganzen Lebens eine sehr ähnliche Färbung. So kommt es beispielsweise oftmals vor, dass ein Mensch fast sein ganzes Leben hindurch den Wunsch hat, bestimmte Dinge, die ihm gefallen, besitzen zu wollen, vielleicht sogar einmal wohlhabend oder eine anerkannte und geachtete Persönlichkeit zu werden. Dieses Wünschen muss in der dritten Region der Seelenwelt überwunden werden.

Zu ihr fühlen sich diejenigen Seelen hingezogen, die im Erdenleben eine starke Sympathie zu irgendwelchen sinnlichen Dingen oder dringende Wünsche hatten, die sich ausschließlich auf Sinnliches, Materielles bezogen. Nun fehlt auch hier wieder die Möglichkeit, diese Wünsche zu erfüllen, was der Seele wiederum leidvolle Erfahrungen beschert. Alles, was die Seele in diese Region gezogen hat, muss aus ihr getilgt werden. »Auch diese Wünsche ersterben allmählich wegen der Unmöglichkeit ihrer Befriedigung.«[10]

In der vierten Region der Seelenwelt muss noch die letzte *gröbere* Hinneigung zum Sinnlichen, das nur im Erdenleben befriedigt werden kann, überwunden werden. Die Seele verspürt immer noch eine Sehnsucht, wieder eine Verbindung mit dem abgelegten physischen Körper einzugehen. Sie fühlt sich immer noch zu ihm hingezogen. Sie hat immer noch eine gewisse Sehnsucht nach ihrem letzten Erdenleben, auch wenn diese jetzt längst nicht mehr so stark ist, wie sie noch zu Beginn der Kamalokazeit sein konnte.

Viele Menschen identifizieren sich zu Lebzeiten sehr stark mit ihrem physischen Leib. Er ist es, der ihnen ihr Selbstgefühl verleiht.

Die Seele nahm, solange sie mit dem Leib verbunden war, an allem teil, was diesen Leib betrifft und was dieser ihr bieten konnte. Die Gefühle von Lust und Unlust, Wohlbehagen und Unbehagen waren an den physischen Körper geknüpft, der sie ihr bescherte. Nun ist der Leib schon seit geraumer Zeit nicht mehr da; die Seele muss ohne ihn auskommen. Er fehlt als der Vermittler des Selbstgefühls.

Das, was die Seele in dieser Region durchzumachen hat, kann eine sehr harte Prüfung sein, die ihr auferlegt wird. Sie muss die Illusion verlieren, dass der physische Leib das entscheidende Wesensglied des Menschen sei. Nach diesem Lernprozess kann sie mit ihrer ganzen Sympathie an der allgemeinen Seelenwelt teilnehmen.

Während der Kamalokazeit kommt auf den Menschen noch etwas weiteres Gewaltiges zu.

Als er noch auf der Erde weilte, hat er sich vieles zu Schulden kommen lassen. Insbesondere war sein Verhalten zu seinen Mitmenschen nicht immer nur von Liebe, Hilfsbereitschaft und Wohlwollen getragen. Vieler Verschuldungen und Versäumnisse ist er sich zu Lebzeiten gar nicht bewusst geworden. Nun hat er die Gelegenheit, sein komplettes abgelegtes Leben noch einmal zu ›durchlaufen‹, so dass ihm alle Verfehlungen und Unzulänglichkeiten deutlich vor das Seelenauge treten können. Dadurch kann er hier schon die ersten Impulse finden, um im nächsten Leben für den karmisch notwendigen Ausgleich sorgen zu können.

Die Seele entwickelt ein starkes Verlangen, auf das zurückzuschauen, was ihr das Leben geboten hat und wie sie dieses genutzt hat. Dadurch kommt zustande, dass die gesamte Biografie in einem zurückschauenden *Erleben* auftritt. Der Mensch *durchlebt* gewissermaßen noch einmal alles dasjenige *bewusst* und auf eine äußerst intensive Weise, was er im Erdenleben während seiner Schlafphasen, als er unbewusst seine Tagesereignisse aufgearbeitet hat, durchlebt hat. Das ist der wesentliche Unterschied zu der Lebensrückschau, die er unmittelbar nach dem Tod hatte und der er sich nur passiv und emotionslos hingegeben hat. Jetzt ›durchwandert‹ er noch einmal sein ganzes Leben, und zwar rückwärts, beginnend mit seinem Todestag bis hin zum Tage seiner Geburt. Der Mensch muss also gewissermaßen wieder zum Kind werden. Das ist auch eine der esoterischen Bedeutungen des Bibelverses *»Ehe ihr nicht umkehret und werdet wie die Kinder, so werdet ihr nicht in die Reiche der Himmel kommen!«*[11] Vorher ist der Mensch noch nicht reif, zunächst die obere Seelenwelt und dann die Geisteswelt, den Himmel, zu betreten.

Sein gesamtes Erdenleben durchlebt der Mensch jetzt noch einmal in den vier unteren Regionen der Seelenwelt, also im Kamaloka. Dieses Durchleben wird nach irdischer Zeitrechnung in etwa so lange dauern, wie er im Erdenleben geschlafen hat, also im Durchschnitt etwa ein Drittel seiner Lebensdauer. Wenn er also beispielsweise mit 75 Jahren gestorben ist, so wird diese Phase ungefähr 25 Jahre dauern. **»Man kann** [als Geistesseher] **mit dem Toten weiterhin gehen. Man sieht, das, was er in den Tagen vor seinem Sterben hier auf Erden erlebt hat, das erlebt er zurück, das Letzte zuerst, das Vorletzte als zweites und so weiter. Er lebt alles zurück. Bis zu dem Zeitpunkte seiner Geburt lebt er sich zurück in einem Drittel der Lebenszeit. Wenn einer sechzig Jahre alt geworden ist, lebt er ungefähr zwanzig Jahre zurück, das ganze Leben rückwärts durchlaufend. Da kann man ihm folgen.«**[12]

Alles, was der Mensch im Zusammensein mit anderen Menschen konkret erlebt hat, durchlebt er erneut in intensivster Weise. Dieses rückwärts verlaufende Erleben nimmt sich so aus, dass er es *nicht* aus seiner Sicht erlebt, sondern aus der der Mitmenschen. **»Daß man so sein vergangenes Leben in allen Einzelheiten zurücklebt, das hat den Sinn, daß man jetzt erst seine eigenen Handlungen wahrhaft kennenlernt, indem man deren Wirkungen an sich selber erlebt. Denn nun stellt sich für den Menschen bei jeder Handlung der Seelenzustand ein, den derjenige gehabt hat, gegen welchen die Handlung sich gerichtet hat. Sie erleben die Schmerzen und Freuden, die sie anderen Menschen bereitet haben, von innen aus. Nichts von dem, was man anderen zugefügt hat, gibt es, das nicht in Kamaloka eigenes Erlebnis wird. Hier gilt der Satz: Was du säest, das wirst du ernten.«**[13]

Wenn der Verstorbene also beispielsweise einmal einen anderen Menschen beleidigt oder beschimpft hat, so erlebt er das jetzt zum entsprechenden Zeitpunkt aus der Sicht des anderen. Er ›steckt‹ gewissermaßen im anderen Menschen ›drin‹. So kann er fühlen, wie sich sein Gegenüber damals gefühlt hat. Wenn er etwa einen anderen Menschen beleidigt hat, so empfindet er in seinem eigenen Inneren, wie dem anderen damals zu Mute war, wie ihn das geschmerzt hat. Er fühlt, dass er seine Verschuldungen erst im nächsten Erdenleben wieder ausgleichen kann. Er gewinnt die Impulse, es in seiner nächsten Inkarnation besser zu machen.

Dieses erneute Erleben der eigenen Biografie bringt ihm eine gewisse Selbsterkenntnis, die eine der wichtigsten Grundlagen für das nachtodliche Bewusstsein darstellt.

Jetzt ist es natürlich auch wieder so, dass er während dieser Phase nur eine bestimmte Zeit mit diesem nochmaligen Durchleben verbringt. Es treten ja in diesem Zeitraum noch viele andere Erlebnisse, Erfahrungen und Erfordernisse an ihn heran. Insbesondere kann er bereits in der gesamten Kamalokazeit ein Zusammenleben mit den Seelen aus seinem Schicksalskreis pflegen. Dieses Zusammensein ist jetzt viel inniger als es im Erdensein jemals möglich sein konnte. In den übersinnlichen Welten gibt es keine räumlichen Barrieren, die ein Zusammenkommen behindern könnten. Die Seelen treten sich ganz ›ungeschminkt‹ gegenüber. Keiner kann sich jetzt mehr verstellen oder dem anderen etwas vorspielen.

Auch der »Lazarus-Erzählung« (Verse 23 ff.) kann entnommen werden, dass die Verstorbenen sich gegenseitig wahrnehmen können.

Der Mensch ist in seiner Kamalokazeit noch sehr stark mit sich selbst beschäftigt, um sein letztes Erdenleben zu verarbeiten und sich seiner Begierden, Triebe, Leidenschaften usw. zu entwöhnen. Wie bereits erwähnt kann er aber darüber hinaus auch schon zu anderen Menschen finden, die bereits durch die Pforte des Todes geschritten sind. Er ist also nicht ausschließlich mit seinem eigenen

Läuterungs- und Reifungsprozess befasst. Sobald er im Kamaloka ›aufgewacht‹ ist, kann er Seelen finden, denen er im irdischen Leben nahestand, also insbesondere Verwandte und Freunde. Mit diesen kann er ein sehr inniges Zusammenleben führen.

Er schließt sich oft aber auch seinen Vorfahren an, die er im Erdenleben gar nicht mehr treffen konnte, weil sie schon längst verstorben waren. Auch mit diesen Blutsverwandten, also mit seinen Ahnen, kann der verstorbene Mensch jetzt zusammen sein.[14]

Die Möglichkeit, mit anderen Seelen ein gemeinschaftliches Zusammenleben in den höheren Welten pflegen zu können, ist immer abhängig von bestimmten Voraussetzungen, die von Region zu Region sehr unterschiedlich sein können. Grundsätzlich ist es so, dass ein Mensch nicht permanent ein solches Zusammenleben pflegen wird. Ähnlich wie sich im Erdenleben Wachen und Schlafen rhythmisch abwechseln, wechseln sich im Leben nach dem Tod Phasen der Geselligkeit mit solchen ab, in denen sich der Mensch ganz in sich zurückzieht, in denen er eine gewisse Einsamkeit oder Selbstbesinnung bevorzugt. Von den meisten Seelen, die sich dort befinden, hat er überhaupt keine Wahrnehmung, denn diese hängt nicht von der ›räumlichen‹ Nähe ab. Die Raumes- und Zeitverhältnisse sind ja in den übersinnlichen Welten völlig anders, als wir diese aus der Sinneswelt kennen. Um einen anderen Toten in der unteren Seelenwelt wahrnehmen, um ihn finden zu können, ist es notwendig, dass er mit ihm schicksalsmäßig verbunden ist. Mit diesen Seelen, also insbesondere denjenigen, die ihm im Leben nahegestanden sind, fühlt er sich den größten Teil des nachtodlichen Lebens immer zusammen.

Die weiteren Jahrzehnte und Jahrhunderte – ein Überblick

Wenn der Mensch seine Kamalokazeit hinter sich hat, hat er sich von seinen gröbsten Begierden, Trieben, Leidenschaften und Wünschen befreit, die nur im Erdenleben befriedigt werden konnten. Diese sind vom Läuterungsfeuer ausgetilgt worden. Der Mensch wird mit seiner ›Rückwärtswanderung‹ durch sein letztes Erdenleben jetzt am Tage seiner Geburt angekommen sein. Wenn er in seinem letzten Erdenleben also etwa 75 Jahre alt geworden ist, so wird er im Durchschnittsfall nach irdischer Zeitrechnung jetzt schon 25 Jahre in der Seelenwelt zugebracht haben. Nun legt er denjenigen Teil seines Astralleibes ab, der nur im Bewusstsein der Sinneswelt leben kann. Nachdem er im Augenblick des Todes den physischen Leib und nach der etwa dreitägigen Lebensrückschau den ätherischen Leib abgelegt hat, tritt jetzt auch der dritte Leichnam aus. Mit dem astralischen Leichnam entschwindet ihm alles, was in der geistigen Welt nicht brauchbar ist. **»Geradeso, wie für den eigentlichen Menschen nach dem Austritt des ätherischen Leichnams ein Extrakt, eine gewisse Essenz für alle Ewigkeit zurückbleibt, so bleibt auch für ihn nach dem Austritt des astralischen Leichnams für alle Ewigkeit eine gewisse Essenz zurück als Frucht der letzten Verkörperung.«**[15]

Es wäre übrigens falsch, von einer *radikalen* Auflösung des ätherischen und astralischen Leibes zu sprechen. Die abgelegten Teile dieser beiden Leiber werden vielmehr in den Kosmos ›ausgegossen‹, sie werden in ihn einverwoben. Alle Einprägungen von dem, was der Mensch durchgemacht hat, prägen sich dem Kosmos ein und wirken kräftemäßig weiter.

Das einzige ureigene Wesensglied, das der Menschen dann noch behält, ist sein Ich. Nun ist es aber nicht so, dass sein Ich das einzige Wesensglied in den höheren Welten bleibt. Ähnlich wie der Mensch seinen Wesenskern mit dem ätherischen, astralischen und physischen Leib umhüllt, wenn er ins Erdenleben tritt, umhüllt er sein Ich nach dem Tod nach und nach mit *»Geistgliedern«*.

Nachdem der Mensch das Kamaloka durchlaufen und sich dadurch eine bestimmte Reife erworben hat, kann er nun mit voller Hingabe an die höheren Welten eine neue Daseinsstufe betreten. Er kommt jetzt in die *»obere Seelenwelt«*, also in die höchsten drei Regionen der Seelenwelt, in welche die eigentliche Geisteswelt schon hineinleuchtet. Hier beginnt schon eine Art *geistiger* Bezirk der Seelenwelt. Das Empfinden und Erleben, das die Seele nun haben kann, hat eine ganz andere Qualität. Während der Kamalokazeit war die Seele noch stark mit sich selbst beschäftigt und in ihre Leiden verstrickt. Nun kann sich für sie mehr und mehr der Horizont für andere Wesen öffnen, insbesondere für andere menschliche Seelen, die sich auch in der Seelenwelt befinden, aber auch für hohe und erhabene Geistwesen.

Für die Zwecke dieses Buches ist es nicht notwendig, alles dasjenige zu schildern, was die Seele in den nächsten Jahrzehnten und Jahrhunderten in der oberen Seelenwelt und dann in der Geisteswelt erlebt und erfährt. Es sei nur kurz erwähnt, dass sich der Mensch, wenn er zunächst die obere Seelenwelt und dann die Geisteswelt erreicht, immer weiter im Kosmos ausbreitet. Er durchläuft gewissermaßen alle Planetensphären bis er an die Grenze des planetarischen Kosmos angelangt ist. Daher bezeichnete Rudolf Steiner einen Menschen, der durch die Pforte des Todes geschritten ist, auch als *»Sphärenmensch«*.

Dann – wenn etwa die Hälfte seines nachtodlichen Lebens vorüber ist, wenn es zu dem, was Rudolf Steiner als *»Weltenmitternacht«* bezeichnet hat, kommt – wandert er wieder durch die Planetensphären zurück. Nun geht es für das Menschenwesen insbesondere ganz wesentlich darum, den Geistkeim der physischen Leiblichkeit zu entwickeln, die ihn in der nächsten Inkarnation bekleiden soll, sowie das neue Erdenleben so weit zu planen, dass sich das notwendige Karma erfüllen kann. Hierbei wird der Mensch von hohen und höchsten Geistwesen (☛ Anhang, Tabelle 2, S. 162ff.), deren Weisheit den menschlichen Verstand übersteigt, und auch von den Seelen der Verstorbenen, mit denen er aus schicksalhaften Notwendigkeiten im nächsten Leben wieder zusammenkommen muss, unterstützt.

Im Anhang sind der Aufstieg und der Abstieg durch die Planetensphären mit den wichtigsten Aufgaben, die der Mensch hat, kurz skizziert (☛ Anhang, Tabelle 4 und 5, S. 166f.). Diesen ›Gang‹ des

Menschen durch die Planetensphären hat *Rudolf Meyer*, Grün-
dungsmitglied und Priester der Christengemeinschaft, in seinem
Gedicht *»Der Weltenpilger«* sehr schön und trefflich beschrieben
(☛ Anhang, S. 168).

Ausführliche Darstellungen über das Leben des Menschen, das er
nach Beendigung seiner Kamalokazeit bis zur neuen Geburt in den
höheren Welten führt, findet der interessierte Leser in unserem
schon erwähnten Buch *»Das Götterprojekt Mensch«* (☛ S. 179).

Der 4. Irrtum

Der Tod macht alle gleich!

Die Behauptung, dass der Tod alle gleich mache, hört man sehr häufig. Richtig ist sie aber nur, wenn man sie im trivial-materiellen Sinn auffasst. Selbstverständlich verlieren sämtliche *weltlichen* Verdienste und Errungenschaften, die im Erdenleben eine Rolle spielen, nach dem Tod jedwede Bedeutung.

Es gibt weder reiche noch arme, weder gebildete noch ungebildete, weder prominente noch unbedeutende Tote. Nicht einmal von einer Geschlechtertrennung kann man sprechen. *Alle* geistigen Wesen – also auch die Sphärenmenschen – sind un- bzw. eingeschlechtlich.

Die These, der Tod mache alle Menschen gleich, ist aber ein Unsinn, wenn man sie so auffasst, dass nach dem Tod alle menschlichen Seelen das Gleiche empfinden, erleben und erfahren würden. Diese Vermutung ist ebenso gescheit, wie wenn man sagen würde: »Das Leben macht alle gleich!«

Auch wenn jeder Mensch, nachdem er über die Schwelle des Todes geschritten ist, im Grunde die gleichen Stationen, wie wir sie im Kapitel *»Der 3. Irrtum«* skizziert haben, durchlaufen wird, so kann die Qualität dessen, was er dort erlebt und erfährt, durchaus sehr unterschiedlich sein. Das *konkrete* Erleben hängt ganz wesentlich davon ab, wie weit er in seiner geistig-seelischen Entwicklung bereits fortgeschritten ist und wie er sein letztes Erdenleben gestaltet und genutzt hat. Das nachtodliche Leben wird bei Menschen, die eine spirituelle Gesinnung hatten, in vielerlei Hinsicht anders verlaufen als bei materialistisch gestimmten.

Insbesondere die Zeit im Kamaloka, auf die wir uns hier beschränken wollen, kann sich für verschiedene Menschen höchst unterschiedlich gestalten. Zur Erinnerung: Die Zeitspanne, die ein Verstorbener im Kamaloka verbringt, entspricht in etwa einem Drittel der Dauer seines letzten Erdenlebens. Wenn ein Kind stirbt, so muss es das Kamaloka nicht durchmachen.

Wie verschieden sich das nachtodliche Leben gestalten kann, ist ja bereits der »Lazarus-Erzählung« aus dem Lukas-Evangelium zu entnehmen. Während der arme Lazarus von Engeln getragen wird, muss der reiche Mann fürchterliche Qualen erleiden.

Das Eingewöhnen in der neuen Daseinssphäre

Es gibt unter denjenigen Zeitgenossen, die sehr wohl von einem Leben nach dem Tod überzeugt sind, immer noch sehr viele, welche die Meinung vertreten, dass es eine Selbstverständlichkeit wäre, dass die Verstorbenen mit dem nachtodlichen Leben von Anfang an bestens zurecht kommen würden, dass sie sofort alles verstehen und richtig einordnen könnten.

Doch das ist allerdings ein gewaltiger Irrtum!

Wie wir im Kapitel »Der 3. Irrtum« zu zeigen versucht haben, darf man sich die Verhältnisse und Bedingungen, die in den Welten herrschen, die der Mensch ›betritt‹, wenn er durch die Pforte des Todes schreitet, nicht ähnlich denen denken, die wir von unserer physischen Welt her kennen. Sie sind vielmehr völlig anders, radikal anders als alles, was wir aus unserem Erdenleben gewohnt sind. Ein Durchschnittsmensch weiß *unmittelbar* nach Eintritt des Todes natürlich nicht, dass er schon viele Erdenleben hinter sich hat und somit auch schon viele Male in der Welt war, in die er jetzt wieder aufgenommen worden ist. Somit ist das für ihn nun wieder eine ›neue‹ Situation. Man kann sich leicht vorstellen, dass es für einen soeben Verstorbenen nicht gerade einfach ist, sich da zurechtzufinden. Er muss sich daran gewöhnen, ohne seinen physischen Leib und die daran gebundenen Sinnesorgane, die ihm während seiner gesamten irdischen Inkarnation treue Dienste geleistet hatten, auszukommen. Er muss verstehen lernen, dass er jetzt kein »*verkörperter*« Mensch mehr ist, sondern ein »*entkörperter*«. Alle Empfindungen und Eindrücke, die er jetzt gewinnen kann, sind völlig verschieden von denen, die er aus seinem Erdenleben kannte. Zu strahlend ist das Bewusstseinslicht, das ihn fast zu überwältigen droht.

Ein Mensch, der sich in seinem Erdendasein nie auch nur ein wenig damit befasst hat, was ihn nach seinem Tod erwartet, der sich keinerlei Erkenntnisse über das Leben zwischen Tod und neuer Geburt angeeignet hat, der sich womöglich nie mit spirituellen Themen befasst hat, wird zumindest in der ersten Zeit wenig verstehen. Man kann sich unschwer vorstellen, dass es zu großen Angstzuständen führen *kann*, wenn jemand permanent die mannigfaltigsten Wahrnehmungen macht, die er aber nicht einordnen kann.

Man muss also ganz gewiss davon ausgehen, dass sich nicht jeder Mensch in der neuen Umgebung gleich schnell und gleich gut zurechtfindet.

Insbesondere ein solcher Mensch, der zu Lebzeiten davon überzeugt war, dass es nach dem Tod *keine* Existenz mehr gäbe, wird möglicherweise geraume Zeit brauchen, um zu erkennen, dass er jetzt nicht etwa träumt, sondern wirklich in einer anderen Welt und unter gänzlich anderen Daseinsbedingungen *lebt*.

Wie bereits geschildert wird der Mensch von seinem persönlichen Engel, der ihm schon in allen früheren Erdenleben zur Seite stand, an der Pforte des Todes in Empfang genommen. Der Engel wird ihn auch in der gesamten Zeit zwischen Tod und neuer Geburt begleiten. Ein Mensch, der sich im Erdensein nie Vorstellungen über seinen Engel gemacht hat oder diesen gar als nicht existent betrachtet hat, wird ihn anfangs nicht als solchen zu erkennen vermögen. Er wird nicht verstehen können, was dieser – und auch weitere Engel, die höheren Reichen angehören (☛ Anhang, Tabelle 2, S. 162ff.), – für ihn tun und ihm reichen wollen.

Erst recht wird ein Materialist, der zu Lebzeiten alles Geistige für einen Unsinn gehalten hat, seinen Engel nicht als geistiges *Wesen* zu erkennen vermögen. Er wird diese strahlende Gestalt vermutlich als ein *wesenloses* Licht oder eine Energieanballung interpretieren.

Auch die »Lazarus-Erzählung« (Verse 22 f.) macht deutlich, dass es keineswegs selbstverständlich ist, dass jeder Mensch sofort nach dem Tod das helle Bewusstsein ertragen und zu seinem Ich-Bewusstsein finden kann. Während Lazarus in den »Schoß Abrahams« getragen wird, also sofort zu dem Bewusstsein seiner selbst finden kann, gibt es über den reichen Mann zunächst nichts aus der Seelenwelt zu berichten. Er dämmert dahin; die übersinnliche Welt erschließt sich ihm noch nicht. Erst geraume Zeit später ›erwacht‹ er im Kamaloka, wo ihm langsam bewusst wird, dass er noch existiert.

Trotz aller Schwierigkeiten, die sich den verstorbenen Menschen in der ersten Zeit nach dem Tod darbieten, wird es den *meisten* nach einiger Zeit gelingen, sich in die neuen Verhältnisse einzuleben.

Erdgebundene Seelen

Es gibt heute allerdings etliche Verstorbene, die lange Zeit keine rechte Beziehung zu den höheren Welten finden können, die sich noch viel zu stark mit dem abgelegten physischen Leib identifizieren und noch eine zu starke Hinneigung zu der verlassenen Erdenwelt haben. Sie können sich zunächst nicht zu der Erkenntnis aufschwingen, dass das, was nur mit der irdischen Welt zu tun hat wie etwa Besitz, Macht, Wohlstand und dergleichen, nun nicht mehr von Bedeutung sind. Diese Seelen waren in ihrem Leben zumeist solche, die eine materialistische Gesinnung hatten und die von einem Leben nach dem Tod nichts wissen wollten. Jetzt, nachdem sie dieses nachtodliche Leben angetreten haben, kommen sie mit diesem nicht zurecht. Sie wollen mit der Seelenwelt nichts zu tun haben. Am liebsten würden sie sich wieder mit ihrem physischen Leichnam verbinden. Nun schweben sie für lange Zeit über der irdischen Sphäre, in einem erdnahen Bereich und versuchen, die unterschiedlichsten – meist negativen – Einflüsse auf die lebenden Menschen auszuüben. Man spricht hier von »erdgebundenen« oder »erdgebannten Seelen«.

Nach den geistigen Forschungsergebnissen Rudolf Steiners können solche Menschen zu erdgebundenen Seelen werden, die sich im Erdenleben keine spirituellen Erkenntnisse angeeignet haben, die geeignet wären, nun nach dem Tod das Leben in der Seelenwelt beleuchten zu können. Diese Menschen haben sich in ihrem Leben ausschließlich Vorstellungen, Begriffe und Empfindungen über materielle, sinnliche Tatbestände, Begebenheiten und Zusammenhänge gemacht und haben es verschmäht, spirituelle Vorstellungen zu erwerben. Daher ist es für solche Menschen lange Zeit unmöglich, rechtmäßig in die übersinnlichen Welten einzuziehen. Sie können die höheren Welten nicht mit ihrem Erkenntnislicht beleuchten. Sie verbleiben in der Erdensphäre und ›laufen‹ gewissermaßen noch als Tote auf der Erde herum. »Also, ob **wir hier geistige Begriffe auf**nehmen oder nicht, das bestimmt unsere Umgebung drüben. Viele von denen, die – man kann es nur mit Mitleid sagen – sich gesträubt haben oder verhindert waren, geistige Begriffe hier im Leben aufzunehmen, die wandeln auch noch als Tote auf Erden umher, bleiben mit der Erdensphäre in Verbindung. Und da wird dann die Seele des Menschen, wenn sie nicht mehr abgeschlossen ist von der Umgebung durch den Leib, der nun nicht mehr verhindert, daß sie zerstörerisch wirkt, da wird die Seele des Menschen, wenn sie in der Erdensphäre lebt, zum zerstörenden Zentrum. Also betrachten wir diesen, ich möchte sagen, mehr normalen Fall, daß unter den gegenwärtigen Verhältnissen Seelen nach dem Tode in die geistige Welt hinüberkommen, die ganz und gar nichts wissen wollten von spirituellen Begriffen und Empfindungen: sie werden zu zerstörerischen Zentren, weil sie in der Erdensphäre aufgehalten werden. Nur Seelen, welche schon hier durchdrungen sind von einem gewissen Zusammenhang mit der geistigen Welt, gehen durch die Pforte des Todes so, daß sie in der richtigen Weise in die geistige Welt aufgenommen, der Erdensphäre entrückt werden und jene Fäden spinnen können auch zu den hier Zurückgebliebenen, welche fortwährend gesponnen werden.«[1]

Diese Menschen müssen so lange in diesem Zustand bleiben, bis sie hinreichend viele geistige Begriffe aufgenommen haben, dass sie dadurch »in die geistigen Welten getragen werden«[2] können. Es ist aber in den übersinnlichen Welten nicht so ohne weiteres möglich, ein geistiges Wissen zu erwerben, also etwas nachzuholen, was man im Erdenleben versäumt hat. Wir werden im Kapitel »*Der 7. Irrtum*« zeigen, wie wir von der Erdenwelt aus, diese Verstorbenen gewissermaßen unterrichten können.

Vieles, was an zerstörerischen, destruktiven Kräften und Impulsen innerhalb der Erdensphäre wirkt, rührt von diesen erdgebannten Toten her. Auch die eine oder andere Spukerscheinung mag von diesen erdgebundenen Toten stammen. Man muss mit diesen Menschen Mitleid haben, denn die Erfahrung, jetzt in einer Sphäre bleiben zu müssen, die dem Verstorbenen nicht angemessen ist, kann äußerst schlimm und bedrückend sein. Selbstverständlich werden aber auch diese erdgebundenen Seelen diejenigen Erlebnisse haben und Erfahrungen machen, die für die anderen Verstorbenen charakteristisch sind. Sie kommen aber an das *rechtmäßige* Erleben in den höheren Welten nicht richtig heran. Sie nähern sich ihm mit einer gewissen Scheu und Furcht und fallen immer wieder in das Reich zurück, für das alleine sie sich im Erdenleben Vorstellungen gebildet haben.

Gerade in unserem gegenwärtigen materialistischen Zeitalter muss man von einer durchaus erheblichen Anzahl von Seelen ausgehen, die in dieser erdnahen Sphäre verbleiben müssen und unter Umständen sogar schädlich auf die Lebenden einwirken können. Das wird auch durch die aktuellen geistigen Forschungsergebnisse von Dr. Iris Paxino[3] bestätigt: Eine besondere Disposition, der erdnahen

Sphäre verhaftet zu bleiben, haben nicht nur Materialisten und Atheisten. Selbst durchaus religiös gesinnte bzw. spirituell interessierte Menschen können unverhältnismäßig lange in der Erdensphäre hängenbleiben, sofern ihre Vorstellungen über geistige Themen, also auch ihre Gedanken über das Leben nach dem Tod, zu dogmatisch, starrsinnig oder autoritätsgläubig waren. Das gleiche Schicksal kann auch Drogentoten, Selbstmördern und Schwerverbrechern drohen.

Die erdgebundenen Toten klammern sich oftmals sehr stark an ihre Familienmitglieder, die sie auf der Erde zurücklassen mussten. Wenn ein Mensch sehr sensitiv oder gar etwas hellfühlig ist, kann er das bisweilen bemerken, was zu sehr beklemmenden Gefühlen führen und recht belastend sein kann.

Der Läuterungsprozess

Wie in Kapitel »Der 3. Irrtum« dargestellt müssen die meisten Seelen in den vier Regionen des Kamaloka durchaus sehr unangenehme und leidvolle Erfahrungen durchmachen. Die Seele muss sich aller Begierden, Triebe und Wünsche entledigen, die insbesondere in der Geisteswelt, im Devachan bzw. Himmel, keine Berechtigung haben. Das kann durchaus sehr qualvoll sein. Allerdings wäre es ein völliger Unsinn, wenn man dabei an eine Bestrafung denken würde. Vielmehr könnte man von einem ›Erziehungsprozess‹, der zu einer Läuterung und Veredelung führt, sprechen.

Als wie qualvoll eine Seele diesen Prozess der Läuterung empfindet, hängt ganz wesentlich davon ab, wie niedrig und grob diese Begierden usw. waren.

Aber selbst solche Seelen, die in ihrem Erdenleben nicht allzu stark an sinnlichen Eindrücken und Genüssen Wohlgefallen hatten, müssen sich von ihrer Hinneigung zur sinnlichen Wahrnehmung befreien. Dieser Prozess kann bei einem Menschen, der zu Lebzeiten eine starke Begierde nach sinnlichen Genüssen hatte, äußerst schmerzhaft und mit großen Qualen verbunden sein. Ein solcher hat das Gefühl, als würde er innerlich brennen. Seine Begierden werden wie durch Feuer verzehrt. Daher gab Rudolf Steiner der ersten Region des Kamaloka den Namen »Begierdenglut«. So sind auch die Bibelstellen zu verstehen, die von einem Feuer sprechen, in das bestimmte Menschen nach ihrem Tod ›geworfen‹ würden. Der Begriff »Fegefeuer«, der im Katholizismus früher verwandt wurde, weist ebenfalls darauf hin.

Rudolf Steiner brachte als Beispiel immer wieder einen genuss-süchtigen Menschen, einen extremen Feinschmecker.[4] Stellen Sie sich vor, der Verstorbene wäre ein Mensch gewesen, dem der Gaumenkitzel sehr viel bedeutet hat, der also die Begierde nach erlesenen Speisen und Getränken hatte. Diese Begierde konnte er aber nicht mit seinem physischen Körper einfach ablegen. Sie sitzt in seinem Astralleib, den er in der gesamten Kamalokazeit noch trägt. Somit hat er auch jetzt in der ersten Zeit nach seinem Tod nach wie vor die Begierde nach diesen Genüssen. Er findet aber keine Möglichkeit mehr, diese zu befriedigen, denn dazu bräuchte er eine Zunge, einen Gaumen usw. Nun ›schaut‹ er in die physische Welt, die er verlassen hat, ›hinunter‹ und hält ›Ausschau‹ nach etwas, was ihm Genuss bereiten könnte. Aber die Möglichkeit des Genusses ist nicht mehr gegeben. Die fehlende Möglichkeit, seine Begierden befriedigen zu können, bereitet ihm ein Gefühl, das man mit einem brennenden Durst vergleichen könnte. Man mag sich gar nicht vorstellen wollen, wie stark nun jemand leiden könnte, der – wie das in der heutigen Zeit ja fast schon zu einer Art Ideal geworden ist – ein ausschweifendes und zügelloses Sexualleben hatte. Diese Phase ist auch für jemanden, der alkoholabhängig oder drogensüchtig war, besonders hart.

Bereits in der griechischen Mythologie war bekannt, dass die Seele nach dem Tod sehr darunter zu leiden hat, dass sie ihre sinnlichen Bedürfnisse nicht mehr befriedigen kann. Sehr deutlich kann man das dem »11. Gesang« der »Odyssee« entnehmen. Hier schreibt *Homer*: *»Auch den Tantalos sah ich, mit schweren Qualen belastet. Mitten im Teiche stand er, das Kinn von der Welle bespü-*

let, lechzte hinab vor Durst, und konnte zum Trinken nicht kommen. Denn so oft sich der Greis hinbückte, die Zunge zu kühlen, schwand das versiegende Wasser hinweg, und rings um die Füße zeigte sich schwarzer Sand, getrocknet vom feindlichen Dämon. Fruchtbare Bäume neigten um seine Scheitel die Zweige, voll balsamischer Birnen, Granaten und grüner Oliven, oder voll süßer Feigen und rötlichgesprenkelter Äpfel. Aber sobald sich der Greis aufreckte, die Früchte zu pflücken, wirbelte plötzlich der Sturm sie empor zu den schattigen Wolken.«

Wie Rudolf Steiner in einem seiner Vorträge sagte, könne die Kamalokazeit für einen Menschen auch äußerst angenehm sein, falls er es in seinem Erdenleben bereits gelernt habe, zu entbehren und Verzicht zu leisten. **»Das Gefühl des Entbehrens im physischen Leben wird zur Seligkeit in der Kamalokazeit. Es treten also die entgegengesetzten Gefühle ein, denn alles, was man im Leben gelernt hat, gern zu entbehren, wird in der Kamalokazeit zum Genuß.«**[5] Hier muss man sicherlich nicht unbedingt an Asketen denken, sondern an solche Menschen, die sich ganz bewusst die Befriedigung bestimmter *niedriger* sinnlicher Begierden versagen, was einer gewissen Einsicht und großer Willenskräfte bedarf. Aber auch Menschen, die aufgrund einer langen schweren Erkrankung oder Behinderung vieles entbehren mussten, dürfte die Kamalokazeit viel leichter werden.

Kommen wir wieder auf die »Lazarus-Erzählung« zurück. In dieser wird sehr schön geschildert, dass sich der reiche Mann offensichtlich gerade im Fegefeuer, also im Kamaloka aufhält. Seine Charakterisierung in dieser Erzählung macht hinreichend deutlich, dass er ein Mensch war, der ganz in dem aufgegangen ist, was ihm die Sinneswelt an Freuden und Genüssen bieten konnte. Nun muss er sich unter starken Qualen von dieser Hinneigung lösen. Der arme Lazarus führte ein erbärmliches Leben in äußerster Armut. Ihm konnte das Erdenleben nichts bieten, was ihm nach dem Tod in seiner Seele noch als erstrebenswert erscheinen könnte. Er hat es gelernt, zu entbehren. Somit konnte er in den Regionen des Kamaloka, die er vermutlich sehr schnell durchlaufen konnte, auch viel Erfreuliches und Beseligendes erleben.

Es mag nun durchaus vom Erkenntnisstand des Menschen, den er sich zu Lebzeiten erworben hat, abhängen, inwieweit er mit dieser harten Situation zurechtkommt. Man darf vermuten, dass ein krasser Materialist diese als sinnlose Bestrafung auffassen könnte. Jemand, der sich, während er noch verkörpert war, Kenntnis vom Kamaloka erworben hat, wird die Leiden als einen notwendigen und förderlichen Reinigungsprozess ansehen und – vielleicht sogar dankbar – akzeptieren. Er weiß, dass seine ungeläuterten Begierden der Vervollkommnung seiner Seele im Wege stehen. Er wird regelrecht nach dieser Läuterung verlangen. Die Dauer dieser Phase hängt natürlich davon ab, wie viele solcher Begierden der Mensch zu Lebzeiten hatte und wie stark diese waren.

Die Seele bleibt so lange in den jeweiligen Regionen des Kamaloka, bis aus ihr alles ausgetilgt ist, was sie in diese Region gezogen hat.

Das erneute ›Durchleben‹ des letzten Erdenlebens

Während seiner Kamalokazeit ›durchläuft‹ der Mensch noch einmal sein komplettes letztes Erdenleben, beginnend mit seinem Tod bis hin zu seiner Geburt. Dieses erneute Durchleben seiner letzten Inkarnation verläuft parallel zu allem anderen, was er im Kamaloka erlebt.

Wie im Kapitel »Der 3. Irrtum« dargestellt sind hier zwei große Unterschiede zu dem abgelegten Erdenleben zu berücksichtigen: Zum einen verläuft dieses Nacherleben jetzt in zeitlich rückwärtiger Reihenfolge – beginnend mit dem Sterbetag bis hin zum Tage der Geburt – und zum anderen erlebt der verstorbene Mensch jetzt jede Begegnung, die er mit einem anderen Menschen hatte, aus dessen Perspektive. Das bedeutet, dass er jetzt in der eigenen Seele spürt, wie seine Taten und Worte auf seine Mitmenschen gewirkt haben, wie sie ihn geschmerzt oder aber auch erfreut und gefördert haben.

Wenn also der Mensch in seinem Erdenleben einem anderen einen körperlichen oder seelischen Schaden zugefügt hat, so erlebt er das jetzt im Nachtodlichen zum entsprechenden ›Zeitpunkt‹ aus der Sicht des betreffenden Mitmenschen. Dabei macht es keinen Unterschied, ob der betreffende Mitmensch auch bereits entkörpert oder noch verkörpert ist. Er durchlebt jetzt alle Gefühle, die damals der andere empfunden hat.

Wenn er also beispielsweise einmal einen Mitmenschen beschimpft hat, so erlebt er das jetzt zum entsprechenden Zeitpunkt aus der Sicht des anderen. Er ›steckt‹ gewissermaßen im anderen Menschen ›drin‹. So kann er fühlen, wie sich sein Gegenüber damals gefühlt hat. Wenn er also etwa einen anderen Menschen beschimpft hat, so empfindet er in seinem eigenen Inneren, wie der andere sich damals gefühlt hat, wie ihn das geschmerzt hat. Wenn er beispielweise jemandem eine Ohrfeige gegeben hat, so fühlt er jetzt den Schmerz und alle anderen Gefühle, die sein Mitmensch zu jener Zeit hatte.

Während dieses nochmaligen Durchlebens hat der Mensch das Gefühl, wie wenn er im Raume ›aufgeteilt‹ wäre. Er fühlt sich stückweise überall da, wo er sich durch sein Rückerleben zu befinden hat. Er fühlt sich möglicherweise mit einem Teil seines Wesens in München, mit einem anderen in Berlin und mit einem wiederum anderen vielleicht außerhalb der Erde. **»Man fühlt sich sozusagen zerstückelt und die dazwischenliegenden Räume als nicht zu sich gehörig.«**[6] Wenn also der Mensch, den er beschimpft hat, zum gegenwärtigen Zeitpunkt etwa in München wohnt, so fühlt er einen Teil seines astralischen Leibes in München und empfindet dort, wie das auf den anderen gewirkt hat. Wenn derjenige, dem er eine Ohrfeige versetzt hat, selbst schon gestorben ist, so fühlt er sich mit einem anderen Teil des Astralleibes im Kamaloka, wo er jetzt selbst ist.

Man kann sich leicht ausmalen, was ein verstorbener Mensch, der anderen Menschen weitaus Übleres angetan hat, alles zu ertragen hat. Selbstverständlich durchlebt er nicht nur die Schmerzen, sondern auch die Freuden und Wohltaten, die er einem Mitmenschen bereitet hat. Erst jetzt kann er wirklich wissen, welche Bedeutung seine Handlungen und Worte für seine Mitmenschen hatte. Es sind ja oftmals scheinbare Kleinigkeiten, die wir im irdischen Dasein verrichten und die dann aber für andere sehr segensreich sein können. Das wird ihm nun alles bewusst. Das tritt in aller Deutlichkeit und Klarheit vor sein Seelenauge. Die Wirkungen seines eigenen Verhaltens haben sich in den Kosmos eingeschrieben. Jetzt kommen diese Wirkungen auf ihn selbst zurück. In dieses Erleben der Biografie mischt sich eine moralische Beurteilung, die ganz wesentlich von seinem Engel ausgeht. Der Mensch kann erkennen, welchen objektiven Wert seine Handlungen, Gedanken und Gefühle für seine Umwelt und die übersinnlichen Welten hatte. Es ist nun sein innigster Wunsch, sein Fehlverhalten wieder gutmachen zu können. Diese Möglichkeit ist aber in den höheren Welten im Leben nach dem Tod nicht gegeben. Diese Erkenntnis kann ihm noch mehr Leid bereiten als die Schmerzen, die er einem anderen Menschen zugefügt hat und die er nun selbst empfindet. Er fühlt, dass er seine Verschuldungen erst im nächsten Erdenleben wieder ausgleichen kann.

Auch alle Schmerzen, die er den Wesen der Tierwelt bereitet hat, muss er jetzt selbst aushalten und durchmachen.[7] Auch hier wäre es wieder ein Unsinn, wenn man das als Strafe auffassen würde. Dieses erneute Erleben der eigenen Biografie ist absolut notwendig, damit er sich seiner Verfehlungen bewusst wird. Dadurch wird insbesondere seine Selbsterkenntnis, die er als eine der wichtigsten Grundlagen für das nachtodliche Bewusstsein benötigt, erhöht.

Also auch im Hinblick auf dieses erneute Durchmachen des letzten Erdenlebens kann keine Rede davon sein, dass der Tod alle Menschen gleich mache. Während einige jetzt sehr viel Schmerzvolles erleben werden, können andere durchaus beseligende Erfahrungen machen.

Das Zusammenleben mit anderen Menschenseelen

Schon recht kurze Zeit, nachdem der Mensch durch die Pforte des Todes geschritten ist, kann er andere Menschenseelen wahrnehmen. Das kann auch der »Lazarus-Erzählung« (Vers 23) entnommen werden, wo es eindeutig heißt, dass der reiche Mann den Lazarus erkennt.

Mit den Seelen anderer Verstorbener kann der Mensch jetzt ein viel innigeres Zusammenleben pflegen, als es im Erdendasein jemals möglich sein könnte. Solange der Mensch noch im Kamaloka weilt, hat er im Wesentlichen nur eine Wahrnehmung für die Seelen derjenigen Verstorbenen, mit denen er im Erdenleben zu tun hatte, die also zu seinem Schicksalskreis gehören.

Ein Mensch, der zu Lebzeiten stark in seinem Egoismus aufgegangen ist, der vorwiegend bemüht war, seine Bedürfnisse, Begierden und Triebe zu befriedigen, wird im Kamaloka sehr stark damit beschäftigt sein, sich dieser zu entwöhnen. Ein solcher **wird in der Mondsphäre nicht leicht die Wesen finden können, die ihm auf der Erde nahe gestanden haben«.**[8] Er wird hier sehr einsam sein. Ein Mensch, der in seinem irdischen Dasein nicht nur seinen egoistischen Interessen und Bedürfnissen nachgejagt hat, der sich auch mit etwas, was es außer ihm noch gab, etwa mit seinen Mitmenschen, befasst hat, wird im Kamaloka kein ganz einsamer Mensch sein. Er wird hier seine Angehörigen, Freunde und Bekannten treffen. Er lebt also bald inmitten der Seelen, die seinen Schicksalskreis bilden. Ähnlich wie ein Mensch im Laufe seines irdischen Daseins seinen Bekanntenkreis erweitert, ist es auch nach dem Tod. In den Regionen der oberen Seelenwelt und in der Geisteswelt wird er dann auch mit anderen Seelen zusammentreffen können. Es können dann spirituelle Bekanntschaften zwischen einem großen Teil der Menschheit geschlossen werden.

Nun ist, was das Zusammenleben der Seelen anbelangt, noch ein ganz wichtiger Aspekt zu berücksichtigen. Die Verhältnisse, die solche Seelen jetzt untereinander haben, richten sich noch ganz nach denen, die sie im Erdendasein ausgebildet haben. An diesen Verhältnissen und Beziehungen kann in den übersinnlichen Welten nichts mehr geändert, also insbesondere auch nichts mehr verbessert werden; an diese muss angeknüpft werden. Die Seelen wissen sofort, wie ihr Verhältnis im Leben war. Nur haben sie jetzt in den übersinnlichen Welten nicht mehr die Möglichkeit, dieses zu ändern, wie es noch auf der Erde jederzeit möglich gewesen wäre. Es muss so bleiben, wie es ist. Die Konsequenzen müssen ausgelebt werden. Das kann der Seele sehr bedrückende Gefühle bescheren.

Wenn wir auf der Erde die Einsicht gewinnen, dass wir etwa einem anderen Menschen nicht genügend Liebe und Zuwendung geschenkt haben, so können wir das jederzeit ändern. Wir können unser Verhalten zu diesem Menschen ändern, solange er noch verkörpert ist. Wir können unser liebloses Verhalten in der einen oder anderen Form wieder ausgleichen, wieder gutmachen. So können wir etwa um Verzeihung bitten oder uns mit diesem Menschen aussprechen. Wir können darüber hinaus diesem Menschen anschließend mehr Zuneigung und Hinwendung schenken.

In der Seelenwelt erinnert sich die Seele noch sehr wohl an solche Defizite. Wenn sie jetzt durch ihre Erinnerung die Einsicht erhält, einem anderen Menschen Zuneigung schuldig geblieben zu sein, so fehlt ihr jede Möglichkeit, das wieder auszugleichen, das wieder gutzumachen. Wenn dieser Mensch mittlerweile auch durch die Pforte des Todes geschritten ist, so trifft sie ihn wieder. Der Mensch trifft den anderen so wieder, wie er zu Lebzeiten zu ihm gestanden ist. An diesem Status kann er jetzt nichts mehr ändern; dieser ist wie ›eingefroren‹. Er verspürt in seinem Inneren den Vorwurf, sich zu Lebzeiten falsch verhalten zu haben, ihm nicht genügend Liebe und Aufmerksamkeit geschenkt zu haben. Aber er kann es nicht mehr kompensieren. Dadurch, dass jetzt nichts mehr gutgemacht werden kann, obwohl der Mensch den dringenden Wunsch dazu verspürt, bildet sich in seiner Seele »die Kraft aus, durch welche sich das Karma ordnet«.[8] Der Mensch bildet dadurch die Kraft aus, es in seiner nächsten Inkarnation besser zu machen, es karmisch wieder auszugleichen.

Diese Tatsache wird auch in der »Lazarus-Erzählung« angedeutet. Nachdem der reiche Mann sich seiner misslichen Situation bewusst geworden ist, bittet er Abraham, er möge ihm den Lazarus senden, damit dieser seine Qualen lindern möge (Vers 24). Nur zu gern würde er jetzt ein gutes und inniges Verhältnis zu Lazarus haben. Das lässt sich jetzt aber nicht mehr finden. Im Erdenleben hat er sich um ihn nicht gekümmert; er hat ihn mit all seinen Problemen ignoriert. Nun in der nachtodlichen Welt hat er aber nicht mehr die Möglichkeit, ein anderes Verhältnis zu Lazarus zu finden, als er das im Erdendasein gepflogen hatte. Diese Tatsache bereitet ihm zusätzliche Qualen. Die Kluft, die jetzt zwischen den beiden besteht, kann nicht überwunden werden (Vers 26).

Der 5. Irrtum

Die Toten *ruhen* in Frieden
und sind recht untätig.

A uf etlichen Grabsteinen, auf vielen Kranzschärpen oder in Todesanzeigen kann man lesen: »Ruhe in Frieden«, »Ruhe sanft«, »Zur letzten Ruhe« o.ä. Das wird dann meistens so aufgefasst, dass die Verstorbenen nichts zu tun hätten, dass sie keine Aufgaben hätten.

Das nachtodliche Leben eines Menschen hat mit »Ruhe« allerdings nicht das Geringste zu tun. In den übersinnlichen Welten gibt es kein Schlafen, kein Ruhen, kein Pausieren oder Verweilen. Gemessen an der Fülle der Tätigkeiten, die der Mensch im Leben zwischen Tod und neuer Geburt zu leisten hat, erscheint das gesamte Erdenleben fast wie ein langer Urlaub.

»Wer weiß denn, ob das Leben nicht Totsein ist und das Totsein Leben?« Diese Frage stellte sich schon der große griechische Tragödiendichter *Euripides*.

Bereits aufgrund der Darstellungen in den letzten beiden Kapiteln dürfte deutlich geworden sein, dass zahlreiche Aufgaben, Tätigkeiten und Erlebnisse auf den Menschen im Leben nach dem Tod warten. Wir wollen in diesem Kapitel noch ein paar ganz besondere Aufgaben betrachten. Auf einige weitere werden wir im nächsten Kapitel zu sprechen kommen.

Mitwirken an der Erdenentwicklung

Die Menschen haben – insbesondere wenn sie schon längere Zeit in den höheren Welten verbracht haben – ein durchaus großes Interesse an allem, was sich auf der Erde vollzieht. In diesem Zuge nehmen sie bestimmte Aufgaben wahr.

Der ach so zivilisierte und gescheite Mensch ist es ja heute gewohnt, alle Naturerscheinungen – denken Sie etwa an die Planetenbewegungen, an meteorologische Phänomene, an geologische Umwälzungen und dergleichen – auf »wesenlose Kräfte«, auf »wesenlose Energien« zurückzuführen. Solche *wesenlosen* Kräfte bzw. Energien sind aber ein Hirngespinst! Alle diese Phänomene werden vielmehr von »kraftvollen *Wesen*«, etwa von den geistigen Wesen der höheren Hierarchien bewirkt. Wenn heute jemand vom »Wettergott« redet, so ist das natürlich zumeist scherzhaft, bestenfalls allegorisch gemeint. Dass sich hinter diesem Begriff aber viel mehr als nur ein Körnchen Wahrheit verbirgt, war unseren Vorfahren noch zumindest instinktiv bekannt.

Aber es sind nicht nur die hohen göttlich-geistigen Wesen, die auf diesem Gebiet wirken. Auch die Menschen, die durch die Pforte des Todes gegangen sind, können hier in einigen Teilbereichen mitwirken. Sie haben wichtige Arbeiten zu leisten, die für den Fortbestand der Erdenentwicklung vonnöten sind. Wenn diese Seelen später wieder geboren werden, so hat sich in der Zwischenzeit die Erde in vielerlei Hinsicht gewandelt. An diesen Wandlungen, an diesen Umgestaltungen – im positiven wie im negativen Sinne – arbeiten sie selbst mit, während sie sich in der geistigen Welt aufhalten. Sie verwandeln das Antlitz der Erde. Die Toten arbeiten an der Umgestaltung der Tier- und Pflanzenwelt sowie insbesondere an der Umgestaltung der festen Erde. **»Erdenarbeit ist Totenarbeit.«**[1]

Wenn also beispielsweise irgendwelche Landmassen im Laufe langer Zeiten zu Ozeanen werden – wie das etwa beim Atlantischen Ozean der Fall war –, so ist darin auch das Werk der Toten zu sehen. Für diese ist das keineswegs ein wundersames Geschehen, sondern eine ganz natürliche Arbeit. Auch in den Kräften der Natur haben wir die Arbeit der Toten zu suchen. Bei all diesen Arbeiten werden sie von hohen Geistwesen angeleitet und geführt. In ähnlicher Weise wie für die Lebenden die Luft, die sie atmen müssen, wirkt, wirkt in der Welt der Toten das Licht. Die Toten weben und wesen im Licht. »Die Toten sind es, die im Devachan leben, die durch die Kraft, die sie dort haben, selbst an dieser Umgestaltung der Erde arbeiten. So wie die Menschen hier an der physischen Erde arbeiten, so die Toten an dem geistigen Urbilde dieser physischen Erde. Sie sind es, die ihre Kräfte hereinsenden in diese physische Welt und die an der Umbildung mitwirken. Allerdings gibt es da Anführer und höhere Wesenheiten, welche die Führung übernehmen. Und an diesem Reiche, das da mitten unter uns ist, arbeiten die Toten an der Umgestaltung des Antlitzes unserer Erde. Die Menschen atmen hier in der Luft; ohne Luft könnten sie nicht atmen. Ähnlich bei den Toten, nur daß, wie hier die Luft, dort das Licht wirkt. In dem ausgebreiteten Licht sieht der Eingeweihte die Wesen der Toten. So sind zum Beispiel für den Seher die Pflanzen umgeben von den Geistern der Verstorbenen, und indem das Licht die Pflanze wandelt und wachsen läßt, sind es die Geister der Toten, die das vollbringen. Wir alle werden in der geistigen Welt über der Erde schweben und an den Pflanzen bauen.«[2] Man muss zugeben, dass diese Tatsache für jemanden, der sich die heute übliche materialistische Weltauffassung zu Eigen gemacht hat, wie ein schlechtes Märchen anmuten dürfte.

Einigen Menschen wird für eine gewisse Zeit ihres nachtodlichen Lebens, wenn sie in der Venussphäre weilen, die Aufgabe zuteil, an der Mission mitzuwirken, alles dasjenige in die physische Welt ›hineinzugießen‹, was die Erde zum Blühen und Gedeihen bringen und ihre Wesen in ihrer Gesundheit fördern kann. Diese verstorbenen Menschen werden zu Dienern der guten Mächte von Gesundheit und allen heilsamen Kräften. Insbesondere solche Menschen, deren Denken und Tun in ihrem Erdenleben nicht bloß aus einem Pflichtgefühl heraus, sondern aus Liebe und Hingabe geboren war, haben eine Anwartschaft auf diese beseligende Tätigkeit.[3]

Der Vollständigkeit halber muss noch erwähnt werden, dass einige Menschen – vorwiegend in der Merkursphäre – aber auch zu Dienern der bösen Mächte werden können, die schlimme Krankheiten, etwa Seuchen, oder anderes Unglück und Ungemach in die Welt bringen. Auch wenn diese unheilvollen Dinge alle ihre karmische Berechtigung haben, so ist es doch eine sehr schlimme Arbeit, die diese Toten jetzt unter dem Sklavenjoch der bösen Mächte leisten müssen. Ein solches Schicksal droht insbesondere solchen Menschen, die sich in ihrem Erdenleben als sehr gewissenlos erwiesen haben. [4]

Die Vorbereitung der nächsten Inkarnation

Nachdem etwa die Hälfte des nachtodlichen Lebens vorbei ist, wenn also die Weltenmitternacht vorüber ist, tritt der Mensch sozusagen seinen ›Rückweg‹ an, der ihn schließlich wieder zu einer neuen Inkarnation führen wird. Er durchläuft noch einmal alle Planetensphären, jetzt natürlich in umgekehrter Reihenfolge. Es geht für ihn jetzt darum, seine neue Inkarnation vorzubereiten. Um den Rahmen dieses Buches nicht zu sprengen, können wir nur in aller Kürze darauf eingehen.

So wie sich der Mensch nach seinem Tod immer mehr ausgedehnt hat, so zieht er sich jetzt langsam immer mehr zusammen. Es findet also bei diesem ›Abstieg‹, der mit einer langsamen und ganz allmählichen Herabdämpfung seines Bewusstseins verbunden ist, eine permanente Verdichtung seines Wesens statt. Während er sich immer mehr in sich zusammenzieht, geht er durch die einzelnen Sphären zurück (☞ Anhang, Tabelle 5, S. 167). Die zeitliche Dauer dieses Rückweges ist von seinem Karma abhängig. Es kommt jetzt ganz wesentlich darauf an, all dasjenige, was er sich in der geistigen Welt an Kräften und Fähigkeiten erworben hat, in den Geistkeim seiner zukünftigen Leiblichkeit, mit der er sich im nächsten Erdenleben umhüllen wird, hineinzuarbeiten. Es wird hier gewissermaßen ein ›geistiges Modell‹ des zukünftigen Erdenmenschen ausgestaltet. Diese Arbeit kann er natürlich nicht allein ausführen. Neben den geistigen Wesen der höheren Hierarchien (☞ Anhang, Tabelle 2, S. 162ff.), die diese Arbeit lenken und leiten, wird er dabei auch von Menschenseelen unterstützt, mit denen er karmisch verbunden ist. Bei der späteren Wahl der Eltern muss natürlich neben vielem anderen darauf geachtet werden, dass diese ihm aus den Vererbungsströmen alles dasjenige mitgeben können, was erforderlich ist, damit seine spätere Leiblichkeit möglichst gut diesem Modell entsprechen kann.

Schon beim Aufstieg durch die Planetensphären – also in der ersten Hälfte des nachtodlichen Lebens – wurde das künftige Erdenschicksal des Menschen keimartig veranlagt.

Jetzt müssen diese Keime zur Reife gebracht werden. Es wird eine Art Plan entworfen, der entscheidende Fragen berücksichtigt. Es wird geklärt, wie sich sein zukünftiges Karma am besten erfüllen kann, mit welchen anderen Menschenseelen er im nächsten Leben zusammenkommen muss, in welchem Land und in welcher Familie die besten Bedingungen herrschen, damit sich sein Schicksal erfüllen kann usw.

Diese Tätigkeiten sind ungleich komplexer als alle, die man aus seinem Erdenleben kennt. Auch wenn der Mensch jetzt viel weiser und weitsichtiger ist, als er es als Erdenmensch jemals sein könnte, so könnte er diese niemals allein ausführen. Selbstverständlich wird er dabei von höchst erhabenen Engelwesen angeleitet und geführt. Auch andere Sphärenmenschen, die zu seinem Schicksalskreis gehören, helfen dabei mit.

Das Wirken Jungverstorbener

Besonders wichtige und geradezu großartige Aufgaben können diejenigen Sphärenmenschen leisten, die in ihrer letzten Inkarnation schon sehr früh – also im Kindes- oder Jugendalter – gestorben sind.

Ein noch sehr junger Mensch trägt nach seinem Durchgang durchs Himmelstor einen Äther- und Astralleib in die geistigen Sphären hinein, die noch viele Jahrzehnte im Sinne der menschlichen Organisation hätten wirken können. Diese unverbrauchten Kräfte können zum Segen für den Kosmos und insbesondere für andere Tote werden. Diese Kräfte können nun etwa in die Waagschale geworfen werden, um denjenigen Seelen zu helfen, die ihre Verhaftung mit der Erdenwelt, die eine Folge ihres Verhaltens und ihrer Gesinnung im Erdenleben ist, nicht überwinden konnten. Diese erdgebundenen Seelen, die durch ihre zumeist materialistische Gesinnung eine viel zu große ›Seelenschwere‹ haben, um in die höheren Welten aufsteigen zu können, können durch die Engelwesen der höheren Hierarchien *allein* nicht gerettet werden. Diese benutzen nun die noch unverbrauchten Kräfte der Jungverstorbenen, um diejenigen Seelen zu retten, die sich nicht durch eigene Kraft retten könnten. **»So helfen die Seelen, die frühzeitig zugrunde gehen, ihren Mitmenschen, die sonst im Morast des Materialismus versinken würden.«**[5]

Seelen, die sich gerade auf ihre neue Inkarnation vorbereiten, die also kurz vor ihrer Wiederverkörperung stehen, suchen oftmals die Gesellschaft derjenigen Seelen auf, die vor kurzer Zeit in jungen Jahren gestorben sind. Diesen Seelen kommt das zugute, was die Seelen der Jungverstorbenen ihnen als Kraft von der Erde hinauftragen können, um ihrerseits die Kräfte besser finden zu können, die sie für ihre Verkörperung benötigen. **»Wenn dagegen Kinder sterben, welche neun bis zehn Jahre, aber noch nicht sechzehn, siebzehn Jahre alt sind, dann findet man sie ganz bald nach dem Tode in Gesellschaft von geistigen Wesen. Aber diese geistigen Wesen sind Menschenseelen. Man findet sie viel in Gemeinschaft mit Menschenseelen, und zwar mit solchen, die bald herunterkommen müssen auf die Erde, mit solchen, die auf ihre nächste Inkarnation warten. Diejenigen Menschen, die ganz früh im Kindesalter sterben, also bis zum siebenten, achten Jahre, findet man viel beschäftigt** mit Menschen, die hier unten sind. Diejenigen aber, welche im Alter von sieben, acht bis sechzehn, siebzehn Jahren sterben, findet man mit solchen Seelen beschäftigt, die bestrebt sind, sich bald zu inkarnieren. Das sind dann für diese Seelen bedeutsame Stützen und Hilfen, man könnte sagen, wichtige Boten für dasjenige, was sie brauchen, um sich vorzubereiten für ihr Erdendasein.«[6] Das, was die Frühverstorbenen durch die Todespforte tragen, wird allen Seelen, die sich zu ihrer neuen Inkarnation anschicken, zu einem wichtigen Erlebnis.

Aus dem Tod sehr junger Menschen entstehen auch die Keime für die seelischen Anlagen, welche die ganze Menschheit für ihre Weiterentwicklung benötigt. Diesem fruchtbaren Boden, diesen Keimen verdanken besonders geniale Menschen häufig ihre Genialität im nächsten Erdenleben. Diese Tatsache widerspricht natürlich nicht derjenigen, dass der jeweilige Mensch sich in vorausgegangenen Inkarnationen so entwickelt haben muss, dass sich diese Genialität dann manifestieren kann. »Wenn wir aufblicken zu besonders genialen Menschen, so ist die Genialität verdankt der Tatsache, daß Menschen auch jung sterben müssen. Denn aus dem frühen Tode Jungverstorbener erstehen die Keime für die seelischen Anlagen, welche die Menschheit in ihrer Fortentwickelung braucht.«[7]

Man kann wohl sagen, dass ein Mensch, der in den ersten Jahren seines Lebens stirbt, sich in gewisser Weise hinopfert. Ein solcher früher Tod kann anderen Verstorbenen und der ganzen Menschheit zu einem unermesslich großen Segen gereichen. Da ein verstorbenes Kind die Seelenwelt nicht durchlaufen muss, wird es sich im Normalfall deutlich früher wieder verkörpern als jemand, der als Erwachsener gestorben ist. Es kann durchaus vorkommen, dass es schon nach einigen Jahren oder wenigen Jahrzehnten wieder auf dem physischen Plan erscheint. In einigen Fällen wird es sich wieder im Lebensumfeld der ›ehemaligen‹ Eltern – vielleicht als deren Enkel oder Nachbarskind – inkarnieren.

Der 6. Irrtum

Die Toten haben kein Interesse an dem Leben ihrer Hinterbliebenen und können nichts für sie tun.

G emäß der heute in weiten Kreisen vorherrschenden Meinung haben die Toten an dem Leben der Menschen, die auf der Erde verkörpert sind, kein Interesse mehr. Insbesondere herrscht die Auffassung, dass sie grundsätzlich nichts mehr für ihre Hinterbliebenen leisten könnten.

Schon der »Lazarus-Erzählung« kann jedoch entnommen werden, dass die Sphärenmenschen sich sehr wohl ihrer auf der Erde hinterbliebenen Mitmenschen erinnern und an deren Wohl interessiert sind.

Nachdem der reiche Mann sich in sein Schicksal gefügt hatte, bittet er Abraham, er möge den Lazarus in das Haus seines Vaters schicken, damit er seinen Brüdern berichten könne, wie es ihm ergeht, damit sie ihre Gesinnung noch so ändern könnten, dass ihnen das gleiche Schicksal erspart bliebe (Verse 27 f.). Diese Stelle weist darauf hin, dass auch ein Verstorbener zumindest eine Zeit lang noch in der Lage ist, sich seines abgelaufenen Lebens und der zurückgebliebenen Menschen zu erinnern. Zum anderen scheint es wohl so zu sein, dass Verstorbene noch ein Interesse an dem Schicksal ihrer Hinterbliebenen haben. Schließlich kann man ablesen, dass es möglich sein könnte, dass ein Verstorbener einen gewissen Kontakt zu Lebenden aufnehmen kann. Abraham weist auch diese Bitte zurück (Verse 29 ff.). Er verweist darauf, dass es nicht die Aufgabe der Toten sei, Einfluss auf das Verhalten der Lebenden zu nehmen. Diese haben die Gesetze und die Lehren von Moses und den Propheten. Heute sind es die Lehren der großen Eingeweihten wie Rudolf Steiner. Die Erdenmenschen müssen aus ihrer eigenen Freiheit und Kraft heraus ihr Leben einrichten. In diese Freiheit hat kein Toter einzugreifen.

Die Verstorbenen können an dem Leben ihrer Hinterblieben teilhaben

Es wurde ja schon gesagt, dass man sich den ›Aufenthaltsort‹ der Toten *nicht* irgendwo fernab im Universum vorstellen darf. Auch wenn sie sich in ihrer geistig-seelischen Wesenheit sphärisch immer mehr in den planetarischen Kosmos ausbreiten, so ist es dennoch richtig zu sagen, dass sie ständig *um uns herum* sind. Etwas Räumliches wie etwa Entfernungen spielt in den höheren Welten keine Rolle. Das ›Bewusstseinszentrum‹ eines Toten kann also in Blitzesschnelle erst etwa irgendwo in den Weiten der Mondensphäre und dann sogleich auf irgendeinem Fleck der Erde sein. Das Reich, in dem die Toten sind, ist wirklich nur dadurch von dem der Lebenden getrennt, dass man von einem jeweils anderen Bewusstseinszustand ausgehen muss.

Die weitaus meisten entkörperten Menschen haben noch ein großes Interesse an den Menschen, die sie auf der Erde zurückgelassen haben. Sie können deren Leben auch weiterhin verfolgen. Ein Toter hat *zunächst* allerdings im Wesentlichen nur eine Wahrnehmung für die Lebenden, mit denen er karmisch verbunden ist, also insbesondere für seine Angehörigen, Freunde und guten Bekannten. Besonders in den ersten Jahren und auch noch Jahrzehnten nach dem Tod wird der Verstorbene ein durchaus reges Interesse an seinen Hinterbliebenen haben. Für den Verstorbenen ändert sich das Verhältnis zu den Menschen, die er auf der Erde zurücklassen musste, nicht in so gravierender Weise. Er kann dasjenige wahrnehmen, was in den Seelen der Erdenmenschen lebt. Er kann noch sehr unmittelbar an ihrem Leben teilhaben. Dieses Miterleben ist nun sogar sehr viel inniger als es zu Lebzeiten der Fall war, als dieses noch durch die Schranken seines physischen Leibes eingeengt war. »Von seiten desjenigen, der drüben ist, ist das bewußte Zusammensein mit Seelen, die hier zurückgeblieben sind, ein intensiveres, ein innigeres, als es hat sein können im physischen Leibe.«[1]

Allerdings ist es keine Selbstverständlichkeit, dass Sphärenmenschen eine enge Verbindung zu ihren Hinterbliebenen haben und aufrecht erhalten können. Es ist nur solchen möglich, die in ihrem Erdendasein eine spirituelle Gesinnung hatten. »Bei Menschen, die spirituell gesinnt sind, zeigt sich [nach dem Tode] sofort, daß sie eine unmittelbare Verbindung haben können mit denjenigen, die zurückgeblieben sind.«[2]

Ein Mensch, der im Erdenleben ein Materialist war, der auch ein Leben nach dem Tod für einen Unsinn hielt, kann, nachdem er über die Schwelle des Todes geschritten ist, aus dem Erdenleben nur das wahrnehmen, was er bis zum Zeitpunkt seines Übergangs in die höheren Welten dort erlebt hat. »Der Tote nimmt zunächst nur dasjenige wahr, was er erlebt hat bis zu seinem Tode hin, so daß er also, sagen wir, seine Frau und seine Kinder soweit wahrnimmt, als sich ihr Leben entwickelt hat bis zu dem Moment, wo er gestorben ist. Es tut sich eine Wand auf zu den gegenwärtigen Erlebnissen, zu dem gegenwärtigen Sein der Hinterbliebenen, so daß der Tote außerordentlich schwierig den Zusammenhang mit seinen Angehörigen in der unmittelbaren Gegenwart erleben kann. Es kommt einem so vor, ja, als wenn er eben nur bis zu diesem bestimmten Zeitpunkt hinkommen würde, da hört es auf; es ist wie eine abgerissene Erinnerung. Das zeigt aber natürlich, daß es eine Bedeutung hat, wie sich die Seele in ihrer Gesinnung zur geistigen Welt verhalten [hat im Erdenleben]. Man kann nicht, ohne daß das Folgen hat für das Leben nach dem Tode, materialistisch oder spirituell sein. Bei Menschen, die spirituell gesinnt sind, zeigt sich [nach dem

Tode] sofort, daß sie eine unmittelbare Verbindung haben können mit denjenigen, die zurückgeblieben sind.«[2]

Nun kann das ›Hinschauen‹ eines Verstorbenen auf seine noch im Erdendasein weilenden geliebten Familienangehörigen für ihn selbst auch sehr leidvoll sein. Es kann nämlich durchaus der Fall eintreten, dass er nicht mehr an sie herankommen kann, dass sie jetzt für ihn quasi nicht mehr da sind, obwohl er mit ihnen schicksalsmäßig auf das Engste verbunden ist und obwohl er im Erdendasein spirituell gesinnt war. Ihr Seelenleben, also das, was sie tagsüber denken, fühlen und wollen, kann er nicht mehr finden. Was ist nun der Grund für dieses Dilemma? Der Grund ist, dass seine Hinterbliebenen sich *ausschließlich* mit Sinnlichem beschäftigen, dass sie nur abstrakte Gedanken bewegen, dass sie keinerlei Interesse an spirituellen Gedanken und Vorstellungen haben. Ihr ganzer Tagesablauf, ihr ganzes Denken, Fühlen und Wollen ist ausschließlich auf etwas gerichtet, was nur die Sinneswelt bieten kann, was also in den höheren Welten keinerlei Bedeutung hat. Der Tote macht also die schmerzliche Erfahrung, dass er kaum noch Anteil an dem Leben seiner geliebten Hinterbliebenen haben kann. Er hat im Wesentlichen nur noch die Erinnerung an Erlebnisse aus dem gemeinsamen Erdenleben. Jetzt sind seine Lieben aber für ihn im Extremfall wie ausgelöscht. Er muss warten, bis sie auch eines Tages die Pforte des Todes durchschreiten. »Gedanken, Gefühle und Willensimpulse, die sich nur auf Sinnliches beziehen, entziehen sich der Wahrnehmungsfähigkeit eines Verstorbenen. Die Toten umschweben denjenigen immer, mit dem sie karmisch verbunden waren im Leben. Aber daß sie in sein Bewußtsein hereinwirken, dazu ist notwendig, daß man ihnen entgegenkommt. Dasjenige, was der Tote fliehen muß, in das der Tote nicht hinein kann, das ist das Leibliche, das Physische des Menschen. Also in die Gedanken, die nur in Anlehnung an die physische Welt aus dem Gehirn aufsteigen, in diese Gedanken kann der Tote nicht hinein. Und weil die Menschen heute zumeist nur solche Gedanken haben, die aus dem Gehirn aufsteigen, ist den Toten so schwer ein Zugang zu den Lebenden möglich.«[3]

Die schützende Kraft der Verstorbenen

Im Christentum wie auch in vielen anderen Religionen spielt das Motiv des »Schutzengels« eine große Rolle. Man geht davon aus, dass diese die Erdenmenschen vor Unheil bewahren können. Ansonsten glaubt man allenfalls, dass die Heiligen – allen voran die sogenannten »Schutzpatrone« – den Menschen helfend und schützend zur Seite stehen. In Gebeten und liturgischen Texten werden sie um Fürsprache und Beistand angerufen. Dass eine solche Funktion auch von ganz ›normalen‹ Verstorbenen wahrgenommen werden könne, hält man für absurd.

Zunächst einmal ist es völlig richtig, dass jeder menschlichen Individualität ein solcher geistiger Führer aus dem Reich der Engel zugeteilt ist. Es ist kein anderer als der, welcher immer an der Seite seines ihm zugeteilten Menschen steht. Seit der Mensch vor Urzeiten sein erstes Erdenleben angetreten hat, ist dieser Engel bei ihm. Er wird immer bei ihm bleiben, bis die Erde ihr Ziel erreicht hat und in die Jupiter-Erde übergehen wird. Wie wir schon angedeutet haben bleibt dieser persönliche Engel immer an der Seite seines Menschen – unabhängig davon, ob dieser sich gerade im Leben zwischen Geburt und Tod oder im Leben zwischen Tod und neuer Geburt befindet.

Die Aufgaben, welche diese Engelwesen für die verkörperten Menschen wahrzunehmen haben, sind recht vielfältig. Für unser Thema ist es hinreichend, zwei besonders wichtige herauszuheben.

Eine dieser Aufgaben besteht in der Tat darin, dass der Engel den ihm zugeteilten Erdenmenschen vor Gefahren und Unglücksfällen beschützen *kann*. Daher hat sich auch schon seit Jahrhunderten der Begriff *»Schutzengel«* eingebürgert.

Dass der Schutzengel den ihm zugeteilten Menschen nicht vor *allem* Unheil bewahrt, liegt auf der Hand. Wie könnte man sonst eine Erklärung dafür finden, dass so viele Menschen Schlimmes und Schlimmstes erleiden müssen. Etliche Zeitgenossen, die sehr unangenehme Erlebnisse haben und schwere Schicksalsschläge ertragen müssen, zweifeln an der Existenz ihres Schutzengels. »Mein Engel hat mich nicht vor diesem Unglück bewahrt. Er hat mir nicht geholfen. Vermutlich gibt es ihn gar nicht!«, kann man immer wieder hören.

Es ist natürlich eine höchst naive Vorstellung, dass die Engel ein Interesse daran haben könnten, die Menschen vor *allem* zu bewahren, was diese als schmerzlich oder zumindest als höchst unerfreulich empfinden. Wenn wir Menschen nur immer Erfreuliches und Angenehmes erleben würden, so kämen wir in unserer geistig-seelischen Entwicklung niemals voran. Ähnlich wie ein Kleinkind immer wieder hinfallen oder sich an etwas stoßen muss, um sein Ich-Bewusstsein entwickeln zu können, brauchen auch Erwachsene Widerstände, an denen sie reifen können. Jeder Mensch bringt sein ganz individuelles Karma bzw. Schicksal in sein Erdenleben mit, das nicht zuletzt eine Folge bzw. Konsequenz seiner früheren Inkarnationen darstellt. Dieses Schicksal will angenommen und gelebt werden, weil es den Menschen in seiner Entwicklung vorwärtsbringt.

Nun kann auch verständlich werden, warum ein Engel nicht in allen Fällen schützend eingreift. Der Engel weiß natürlich, welche Schicksale für den ihm anvertrauten Menschen notwendig sind. Würde er nun den Menschen etwa vor einem Unglück bewahren, das in seinem Karma begründet ist, so würde er ja in höchstem Maße *gegen* die Interessen seines Schützlings handeln. Er würde ihm die Möglichkeit entziehen, etwas für ihn höchst Fruchtbares und Förderliches zu erleben. Es mag für viele wie ein Hohn klingen, dass ein Unglück etwas Fruchtbares sein kann. Das liegt aber einzig und allein daran, dass unser Bewusstsein, das wir im Erdenleben haben, viel zu beschränkt ist.

Der führende Engel würde sich grundsätzlich nicht einmischen, wenn es um eine Handlung oder Entscheidung geht, die im Bereich dessen liegt, was wir erkennen, in seinen Auswirkungen überblicken und über das wir selbst vernünftig nachdenken und entscheiden können. Sie kennen sicher den Spruch »Fahre nie schneller, als dein Schutzengel fliegen kann«, den man auf vielen Autoaufklebern sieht. Auch wenn dieser Spruch gewiss spaßig gemeint ist, so enthält er doch mehr als nur ein Körnchen Wahrheit. Wenn wir viel zu schnell, leichtsinnig und unvorsichtig fahren, so kann uns bewusst sein, dass dadurch die Gefahr eines Unfalls sehr hoch ist. In einem solchen Fall wird unser Engel *im Allgemeinen* nicht eingreifen, da uns die möglichen Auswirkungen bekannt sind.

Unser Engel greift nur dann ein, wenn es außerhalb unserer Seelenkräfte liegt, die Folgen zu überschauen. Aber auch dann führt er auf eine äußerst zarte und subtile Weise, so dass es jederzeit möglich ist, sich gegen seine ›Eingebungen‹, die man etwa als Gedanken, Gefühle, Ideen, Traumbilder oder Stimmen empfängt, zu entscheiden oder – was leider häufig vorkommt – sie gar nicht erst wahrzunehmen.

Viele Menschen verlieren spätestens dann den Glauben an ihren Schutzengel – und manchmal auch an Gott –, wenn sie ein schwerer Schicksalsschlag ereilt. In einem solchen Fall sollte man sich zunächst einmal klarmachen, dass es gute Gründe hatte, dass der Engel es nicht verhindert hat – auch wenn es meistens schwer einzusehen ist. Aber auch dann hilft er dem Menschen. Er kann ihm die Kraft und die Stärke geben, das Schicksal anzunehmen und ertragen zu können. Vielfach ist es so, dass er ihm andere Menschen schickt, die ihm wieder Hoffnung und Lebensfreude schenken können. Manchmal macht er diese Menschen auch auf Bücher aufmerksam, aus denen sie neuen Mut schöpfen können.

Ein Engel führt den ihm zugeordneten Menschen in einer sehr unterschwelligen Weise, so dass die meisten Menschen sich dieser Führung gar nicht bewusst werden.

Wenn man auf sein Inneres sorgfältig achtgibt, ist es vielleicht gar nicht einmal ganz so schwierig, das Wirken seines Engels zu bemerken. Es gibt besondere Situationen im Leben, in denen man etwas wahrnehmen kann, was man üblicherweise nicht wahrnimmt. Wir wollen es zunächst einmal ganz pauschal ein ›Etwas‹ nennen.

Dieses Etwas kann ein Gedanke, eine Idee, ein Geistesblitz oder ein Impuls sein, der einem empfiehlt, etwas bestimmtes zu tun oder zu unterlassen. Oft nimmt man es auch als ein Gefühl oder eine Empfindung wahr, die sich von den Gefühlen und Empfindungen, die man gewöhnlich hat, unterscheiden, die eine ganz andere Qualität und Intensität haben. Diese Eingebungen kommen fast immer ganz urplötzlich und unvermittelt und haben meistens mit dem, was man gerade gedanklich bewegt hat, nichts zu tun. Manchmal erscheinen sie einem sogar unsinnig oder zumindest unlogisch zu sein. Sie können aber eine solche Kraft und Eindringlichkeit haben, dass man sie meistens befolgen wird. Diese Impulse können auch im Traum in bildhaft verschleierter Form auftauchen. Charakteristisch für solche Träume ist, dass man sich am nächsten Tag noch gut an sie erinnern kann und dass sie einen nicht loslassen wollen. Man ahnt häufig, dass in diesen Träumen eine verschlüsselte Botschaft enthalten war, die man allerdings oftmals nicht zu verstehen vermag.

In eher seltenen Fällen kann der Schutzengel uns auch auf eine etwas ›gröbere‹ Weise einen Wink geben. So gibt es hin und wieder Situationen, in denen ein Mensch von außen – also mit seinen physischen Ohren – eine Stimme hört, die ihn auf etwas aufmerksam macht oder hinweist. Meistens sind das nur wenige Worte, nur ein Satz. Das Gesagte mag dem Betreffenden durchaus sonderbar und ohne einen Zusammenhang mit dem erscheinen, was er gerade in seinem Bewusstsein hat. Es kann nun so sein, dass der ›Sprechende‹ gar nicht zu sehen ist. Manchmal tritt er aber auch in Form eines normalen Menschen auf, der von seinem Engel inspiriert wurde, dem anderen etwas Bestimmtes zu sagen. Womöglich kann sich dieser gar nicht erklären, was und warum er das dem anderen gesagt hat.

Nachdem wir erörtert haben, auf welche Art und Weise ein Engel in unser Leben helfend eingreifen kann, wollen wir uns nun die Frage vorlegen, woher er überhaupt wissen kann, dass uns Gefahren drohen, vor denen er uns bewahren muss und will, weil sie nicht in unserem Schicksal liegen. Kann er in die Zukunft schauen?

Bevor wir diese Frage klären, wollen wir zunächst ein Beispiel aus dem ganz alltäglichen Leben betrachten, welches das, was im Folgenden erläutert werden soll, zumindest vergleichsweise abbildet.

Stellen Sie sich eine Mutter vor, die gerade beobachtet, dass ihr – sagen wir – sechsjähriges Kind auf einen Stuhl gestiegen ist, um mit einem Feuerzeug die Kerzen am Weihnachtsbaum zu entzünden. Innerhalb kürzester Zeit werden der Mutter jetzt einige mögliche Szenarien, also Situationen, die eintreten *könnten*, durch den Kopf schießen: Mein Kind könnte sich die Finger verbrennen. – Es könnte vom Stuhl fallen und sich verletzen. – Der Weihnachtsbaum könnte Feuer fangen. – Das ganze Zimmer könnte in Flammen aufgehen. – usw. Jedes dieser Ereignisse *könnte* eintreten. Die Mutter weiß aufgrund ihrer Lebenserfahrung, was jetzt alles passieren *könnte*, wenn sie ihr Kind gewähren ließe. Wenn sie nun ihrem Kind zutraut, die Kerzen zu entzünden, so wird sie ihm vielleicht sagen, dass es vorsichtig sein soll, es aber nicht von seinem Vorhaben abhalten. Allerdings wird sie in seiner Nähe bleiben, um notfalls helfend eingreifen zu können.

Wenn sie es ihrem Kind nicht zutraut, wird sie es auffordern, von dem Vorhaben abzulassen.

So ähnlich ist das auch im Großen, wenn wir unser Leben mit allem, was wir machen oder unterlassen, betrachten.

Wenn man etwas intimer und genauer auf sein alltägliches Leben schaut, so wird einem aufgehen, wie vielen Erlebnissen und Begebenheiten man Tag für Tag *entgeht*. Jeden Tag erwarten uns unzählige Ereignisse, die eintreten *könnten*. Die meisten treten eben deshalb nicht ein, weil wir bestimmte Dinge zu ganz bestimmten Zeitpunkten machen, oder aber, weil wir sie unterlassen. Alles, was wir in unserem Leben ganz konkret und höchst real erleben und erfahren, ist nur ein Bruchteil dessen, was wir erleben und erfahren *könnten*. Also, das Spektrum der wirklich in unserem Leben eingetretenen Ereignisse ist geradezu armselig gegenüber der ungeheuren Summe derjenigen, die *möglich* gewesen wären. Wir könnten unendlich viel mehr erleben, als wir letztlich *wirklich* erleben. **»Wenn** wir uns ein bißchen mit einem Gefühl davon durchdringen, was für ein kleiner Teil die Welt der physischen Wirklichkeiten von dem ist, was wir erleben könnten, wie unsere Welt der Erlebnisse nur ein herausgeschnittenes Stück der Möglichkeiten ist, dann kann uns das den ungeheuren Reichtum, das Sprudelnde des geistigen Lebens nahelegen, das hinter unserem physischen Leben ist.«[4]

Wir müssen Tag für Tag tausendfach Entscheidungen treffen! Je nachdem, welche Entscheidung letztlich zum Tragen kommt, erleben wir jeweils *eine* ganz konkrete Wirklichkeit. Oft sind es *scheinbar* recht banale Wahlmöglichkeiten, die wir mehr unbewusst treffen, ohne darüber nachzudenken, wie etwa: Was ziehe ich heute an? Was, wann und wo esse ich heute? Möchte ich mich heute mit meinem Freund treffen oder bleibe ich lieber daheim? Wann und wohin fahre ich heute mit dem Auto? Mache ich jetzt dieses oder jenes?

In den meisten Fällen sind dann unsere tatsächlichen Erlebnisse, die wir aufgrund der von uns gefällten Entscheidung als Wirklichkeit erfahren, nicht sehr viel anders als die, die im Bereich der Möglichkeiten verschleiert bleiben, die wir also nur dann als Wirklichkeit erlebt hätten, wenn wir uns anders entschieden hätten. Aber sie sind anders! Und in manchen Fällen können sie völlig anders – vielleicht sogar dramatisch anders – sein.

Das möge ein einfaches Beispiel verdeutlichen: Stellen Sie sich vor, Sie müssen mit dem Auto irgendwohin fahren. Jeder Augenblick, den Sie früher oder später losfahren, führt Sie in eine andere Wirklichkeit. Das Gleiche gilt, falls Sie irgendeine andere Strecke fahren als die, welche Sie üblicherweise wählen. Fahren Sie etwa – sagen wir – um 8 Uhr los, geschieht vielleicht nichts Besonderes, nichts Ungewöhnliches. Vermutlich passiert auch nichts Bemerkenswertes, wenn Sie eine andere Startzeit wählen. Dennoch erleben Sie dadurch eine jeweils andere Wirklichkeit, auch wenn diese sich nicht sehr von der unterscheidet, die Sie erleben, wenn Sie um Punkt 8 Uhr starten.

Nun kann es aber durchaus so sein, dass Sie in Abhängigkeit von der Abfahrtszeit oder der gewählten Strecke sehr wohl etwas ganz

Besonderes erleben, dass Sie durch diese Konstellation eine Wirklichkeit erleben, die für Sie sehr unangenehm, aber auch sehr erfreulich werden könnte. Starten Sie etwa eine Minute – oder auch vielleicht nur ein paar Sekunden – früher, werden Sie möglicherweise in einen schweren Unfall verwickelt. Fahren Sie eine Minute später, lernen Sie vielleicht einen Menschen kennen, der sich für Ihr weiteres Leben als sehr wichtig erweist. Starten Sie fünf Minuten später, werden Sie vielleicht auf irgendetwas aufmerksam, wodurch sie eine Anregung bekommen, die sich für Sie als sehr wertvoll herausstellt. Wählen Sie für Ihre Fahrt eine andere Strecke, sehen Sie womöglich am Straßenrand einen schwerverletzten Menschen, dem Sie nun helfen und dessen Leben Sie retten können. Diese Varianten könnte man fast endlos fortsetzen. Alle diese Möglichkeiten sind in gewisser Weise sehr real. Sie können aber in Abhängigkeit von der Entscheidung, die Sie getroffen haben, nur *eine* als Wirklichkeit erfahren. Alle anderen bleiben Ihnen verborgen. Unser Bewusstseinshorizont ist zu klein, um diese möglichen Konsequenzen zu überblicken. Sie bleiben eine Fiktion.

Nun kommt der Punkt, der für uns Menschen nur sehr schwer zu begreifen ist: Im Bewusstsein der Engel sind die *möglichen* Ereignisse ebenso ausgebreitet wie die *tatsächlichen*. Diese sind für sie genauso real! Die Engel können sie in vollem Umfang überschauen. Sie können also – um im obigen Beispiel zu bleiben – genauestens überblicken, welche Wirklichkeit Sie in Abhängigkeit von dem Zeitpunkt, zu dem Sie losfahren, sowie der Strecke, die Sie wählen, erleben werden.

Anhand eines konstruierten Beispiels soll das Eingreifen der Schutzengel noch einmal verdeutlicht werden:
Nehmen Sie einmal an, ein Mann hätte sich – wie an nahezu jedem Werktag – dazu entschieden, um Punkt 7 Uhr auf seiner Standardstrecke mit dem Auto zur Arbeit zu fahren. Sein Engel *weiß* nun um zwei wichtige Dinge: Zum einen kennt er die Schicksalsnotwendigkeiten seines Schutzbefohlenen, und zum anderen weiß er, welche Wirklichkeit der Mann erfahren würde, falls er

seine Entscheidung in die Tat umsetzt. Nun könnte es beispielsweise so sein, dass er einen schweren Unfall erleidet, durch den er sehr schwer verletzt würde, falls er um Punkt 7 Uhr die gewählte Strecke fahren sollte.

Nun gibt es zwei Möglichkeiten: Es liegt im Schicksal des Mannes, schwer verletzt zu werden. Dann hätte diese Unfallfolge einen guten Sinn für den Mann, auch wenn ein Mensch das kaum verstehen kann. In diesem Fall würde der Engel natürlich nicht eingreifen, damit der Mann sein notwendiges Schicksal leben kann.

Wenn ein solcher Unfall mit seinen Folgen aber nicht zu den Schicksalsnotwendigkeiten des Mannes gehört, wird sein Engel alles tun, um ihn zu verhindern. In diesem Fall hätte er unzählige Möglichkeiten. So könnte er etwa dem Mann den Gedanken eingeben, etwas eher oder auch ein wenig später loszufahren. Er könnte ihm die Idee vermitteln, heute mal eine andere Strecke zu wählen. Er könnte dafür sorgen, dass der Mann etwas Wichtiges vergisst, was er kurz nach dem Verlassen des Hauses bemerkt, so dass er noch mal ins Haus zurück muss, um es zu holen. Es gäbe etliche weitere Möglichkeiten, den Unfall und somit die schweren Verletzungen zu verhindern.

Das Schicksal eines jeden Menschen ist verwoben mit denen vieler anderer Menschen. Natürlich muss es in einem solchen Fall wie dem eben geschilderten auch zu den Schicksalsnotwendigkeiten des Unfallgegners gehören, einen Unfall zu erleiden. Da müssen sich also beide Schutzengel in gewisser Weise beraten. Es wäre ja etwa auch denkbar, dass der andere am Unfall Beteiligte sich nicht oder nur leicht verletzt. Dennoch wäre es für ihn ein Schock. Also, es muss alles zusammenpassen, es muss alles sorgfältig aufeinander abgestimmt werden. Man kann sich unschwer vorstellen, welcher Weisheit und Weitsicht solche Planungen bedürfen.

Betrachten wir eine zweite wichtige Aufgabe, welche die Schutzengel für uns übernehmen.

Während wir nach unserem letzten Tod für lange Zeit in der geistigen Welt waren, bis wir zu unserem jetzigen Erdendasein hinabgestiegen sind, haben wir zunächst unser letztes Erdenleben aufgearbeitet und dann unser neues geplant. Das war uns nur möglich, weil wir in dieser Zeit eine ungleich größere Weisheit und Weitsicht hatten, als das im Erdenleben der Fall ist. Dennoch hätten wir diese äußerst komplexen Planungen niemals *allein* bewerkstelligen können. Unser Engel und auch Engel der höheren Reiche sowie die Seelen der Menschen, die zu unserem Schicksalskreis gehören, haben uns dabei kräftig unterstützt. In dieser Zeit war uns bewusst, mit welchen Menschen wir aus einer karmischen Notwendigkeit heraus in diesem Leben zusammenkommen müssen. Insbesondere haben wir uns in dieser Zeit schon gewissermaßen mit der Individualität, die unser Ehe- oder Lebenspartner werden soll, ›verabredet‹. So ist auch das deutsche Sprichwort zu verstehen: »Ehen werden im Himmel geschlossen, aber auf Erden gelebt.«

Nun ergibt sich aber ein großes Problem: Wir können uns an unsere letzten Erdenleben und an das, was wir uns in der geistigen Welt vorgenommen haben, bevor wir durch die Geburt ins erneute Erdenleben getreten sind, nicht mehr erinnern. Somit haben wir auch keine Ahnung, dass irgendwo auf der Erde ein Mensch lebt, mit dem wir zusammenkommen müssen. Jetzt kommt uns unser Schutzengel zu Hilfe, der für uns den Zusammenhang zwischen unseren Inkarnationen festhält und der weiß, dass wir *diesem* Menschen begegnen müssen. Er wird uns auf eine sehr subtile und für uns kaum wahrnehmbare Art mit diesem Menschen zusammenbringen. In den wohl meisten Fällen müssen sich die Engel zweier Menschen – trivial gesprochen – ›absprechen‹ und einen gemeinsamen Plan entwerfen, damit diese beiden zusammenkommen können.

Es ist ja häufig so, dass wir unsere Ehepartner oder auch unsere Freunde auf scheinbar sehr merkwürdigen und geradezu verworrenen Wegen kennengelernt haben. In vielen Fällen war es wirklich unser Engel, der uns mit diesem Menschen zusammengeführt hat. Da wir das nicht bemerken, neigen wir natürlich zu der Auffassung, dass es sich entweder um unsere eigene Entscheidung oder aber um eine ›Verkettung von Zufällen‹ gehandelt hätte, wenn wir etwa unseren Ehepartner oder besten Freund auf ›wundersame Weise‹

kennengelernt haben oder wenn wir uns doch dazu entschlossen haben, eine bestimmte Arbeitsstelle anzunehmen, obwohl wir eigentlich mit einer ganz anderen geliebäugelt haben.

Zufälle gibt es nicht! Wenn irgendetwas geschieht, für das es keine Ursache zu geben *scheint*, etwas, das man sich nicht erklären kann, ist man geneigt, von einem »Zufall« zu sprechen. Es geschieht allerdings *niemals* etwas, für das es keine Ursache gibt. Nur sind diese in den höheren Welten, im Wirken geistiger Wesen zu finden. Dort werden die meisten aber nicht suchen, weil sie nicht an etwas Geistiges glauben. Selbst wenn man dort suchen würde, so würde es ein nicht-hellsichtiger Mensch auch kaum finden können. Er könnte es höchsten erahnen.

Nachdem wir jetzt in einiger Ausführlichkeit über das Wirken der Schutzengel geschrieben haben, wollen wir wieder auf die Sphärenmenschen zurückkommen. Sie werden sich vielleicht schon gefragt haben, was diese beiden großen Aufgaben der Schutzengel mit den Verstorbenen, um die es in diesem Buch ja ganz wesentlich geht, zu tun haben?

Nun, die Antwort ist einfach: Die skizzierten Fähigkeiten und Möglichkeiten, welche die Engel haben, um ihren Erdenmenschen zu führen, zu beschützen und zu inspirieren, haben prinzipiell und zumindest bis zu einem gewissen Grad auch die Sphärenmenschen!

Insbesondere diejenigen Menschenseelen, die sich schon ganz gut in die Verhältnisse, die in den höheren Welten herrschen, eingewöhnt haben, weisen noch ein großes Interesse an ihren Hinterbliebenen auf. Sie werden deren Leben mitverfolgen und ein wachendes Auge auf sie haben. In erster Linie sind es ihre Kinder, Enkel und Ehepartner, aber auch gute Freunde, die sie vor Gefahren zu bewahren versuchen, die nicht in deren Schicksal begründet sind. Auch werden sie ihren Beitrag dazu leisten, dass diese den richtigen Erdenmenschen begegnen, um so mit ihnen zusammenkommen zu können. **»Und wer die okkulten Zusammenhänge der Welt erkennt, der weiß, daß, wenn zwei Menschen zu dem oder jenem zusammen-**

geführt werden, manchmal einer, manchmal mehrere derjenigen an diesem Zusammenführen tätig sind, welche vor uns durch die Pforte des Todes geschritten sind.«[5]

Ein Sphärenmensch kann die Lebenden auf vielfältige Art inspirieren. Dadurch tauchen bestimmte Impulse im Inneren des auf der Erde weilenden Menschen auf, von denen er glaubt, dass diese aus seinen eigenen Seelenkräften herrührten. Es ist in der Tat nicht gerade einfach zu erkennen, ob ein bestimmter Impuls wirklich von einem Toten stammt. »Ebensowenig wie der Mensch während des Tages die Sterne sieht — trotzdem sie fortwährend am Himmel stehen —, weil das Sonnenlicht sie übertönt, ebensowenig nimmt der Mensch im gewöhnlichen Bewußtsein wahr, was da von dem Grunde seiner Seele fortwährend heraufkommt, weil das äußere Leben, das durch die Eindrücke der Sinne veranlaßt wird, das eben übertönt. Wird man intim, möchte ich sagen, mit seiner eigenen Seele bekannt, lernt man unterscheiden dasjenige, von dem wir selbst der Ursprung sind, von dem, was als Fremdes herauftönt aus der eigenen Seele, dann lernt man nach und nach auch im wachen Tagesleben Botschaften der Toten erkennen. Dann aber verbindet man mit dieser Erkenntnis etwas außerordentlich Wichtiges. Dann sagt man sich: Wir sind ja eigentlich nicht von den Toten getrennt, die Toten leben unter uns. Sie kündigen sich eben nicht an so wie andere sinnliche Wesen, die uns von außen her ihre Impulse senden, sondern sie kündigen sich von innen heraus an, sie sprechen durch unser eigenes Innere zu uns, sie tragen uns.«[6]

Verstorbene können die Lebenden auf verschiedenen Gebieten inspirieren

Es gibt heute eine ganze Reihe von Menschen, die sinngemäß die folgende Meinung vertreten: »Daran, dass es ein Leben nach dem Tod gibt, glaube ich eigentlich nicht. Aber ich werde in meinen Kindern weiterleben.« Auch wenn der zweite Satz häufig nur wie eine Floskel klingt, so hat er doch seine Berechtigung.

Die sogenannten Toten können den Hinterbliebenen, besonders denen, welchen sie zu gemeinsamen Lebzeiten sehr nahestanden, gewisse Neigungen und Fähigkeiten ›schicken‹ – insbesondere solche, die sie selbst im Erdendasein nicht ausleben konnten –, so dass zumindest etwas von ihnen in den auf der Erde Zurückgebliebenen weiterleben kann. »In Wahrheit sind diejenigen, die durch die Pforte des Todes gegangen sind, gar nicht weg von uns. Sie sind uns viel näher, als man glaubt. Nun entwickelt sich der Mensch immer mehr und mehr, wenn er die Zeit durchlebt zwischen dem Tod und einer neuen Geburt, so daß er auch unmittelbar von sich aus auf die Welt hier herunterwirken kann. Und man nimmt wahr, als Einwirkung der hingegangenen Toten, von einer bestimmten Zeit an, daß gewissermaßen ihre Kraftstrahlen in unser Seelenleben eindringen. Aber diese Strahlen, dieses unmittelbare Wirken, das kann sich nicht in unser Vorstellungsleben, in unsere Gedanken direkt hinein-leben, sondern das lebt sich mehr hinein in unsere Gewohnheiten, in die Art und Weise, wie wir sind, in die Art und Weise, wie wir es hier treiben; in das strömt hinein dasjenige, was aus den geistigen Welten herunterwirkt, und was von denjenigen zu uns kommt, die vor uns durch die Pforte des Todes gegangen sind.«[7]

Man kann bei einem Kind, das früh ein Elternteil durch Tod verlo-ren hat, oftmals beobachten, dass es nach einiger Zeit Eigenschaften zeigt, die zwar auch vorher schon in ihm gelebt haben, die aber nicht so recht herauskommen konnten.

Der Verstorbene bleibt also mit seinen Kräften mit denjenigen verbunden, die ihm im Erdenleben nahestanden. In früheren Zeiten hat man davon zumindest noch eine instinktive Ahnung gehabt. Das war auch der wesentliche Grund dafür, dass ein Vater so viel Wert darauf legte, dass sein Sohn den gleichen Beruf erlernt, weil er eben ahnte, dass er ihn nach seinem Tode aus der geistigen Welt inspi-rieren könnte. »Nach solchen instinktiv gewußten Wahrheiten rich-tete sich früher vielfach das äußere Leben ein, auch wenn man das-jenige, was im äußeren Leben entstand, oftmals aus gewöhnlichen äußerlichen Gründen herleitete. Deshalb hat man in den Zeiten, in denen man solche Dinge noch recht instinktiv gefühlt hat, Rücksicht darauf genommen, daß der Sohn möglichst wenig aus dem Kreise seines elterlichen Zusammenhanges kam. Da war der Zugang leichter. Das Lernen desselben Geschäftes, das Darinnenstehen im selben Berufe, überhaupt das ganze real-konservative Festhalten an derselben Strömung, das war instinktiver Ausdruck für eine Erleichterung des Hereinwirkens der durch die Todespforte Gegangenen auf diejenigen, die sie hier zurückgelassen hatten.«[8]

Die Sphärenmenschen können nicht nur ihre engsten Angehörigen unterstützen und inspirieren.

Menschen, die im Erdenleben erfüllt waren von ihrem Mitwirken in einer Gemeinschaft oder Gesellschaft, welche sich namentlich humanitären, spirituellen oder religiösen Aufgaben widmet, werden auch nach dem Tod ein großes Interesse an deren Aktivitäten zeigen. Sie können nun durchaus noch mitwirken und die verkörperten Mitglieder der Gemeinschaft auf vielfältige Art und Weise inspirierend unterstützen. Wenn die Menschen einer solchen Gemeinschaft zusammenkommen, dürfen sie sich dessen gewiss sein, dass auch einige ihrer ehemaligen Mitglieder, die schon über die Schwelle des Todes gegangen sind, anwesend sind und mitwirken.

Es ist sogar möglich, dass ein Erdenmensch von einem Verstorbenen Impulse erhält, dem er im Leben nie begegnet ist und den er nicht einmal kannte. In den meisten Fällen geschieht das dadurch, dass der Verstorbene in seine Träume hineinwirkt. »Ich möchte eine einfache Tatsache vor Sie hinstellen, die Ihnen zeigen wird, wie dieser Zusammenhang ist, eine Tatsache, die nicht bloß ausgedacht ist, sondern in vielen Fällen beobachtet wurde: Ein Mensch merkt in einer bestimmten Zeit, daß er Empfindungen hat, die er früher nicht hatte, daß Sympathien und Antipathien auftreten bei ihm, die er früher nicht kannte, daß ihm das oder jenes leicht gelingt, was ihm früher nur schwer gelungen ist. Er kann sich das nicht erklären. Seine Umgebung kann es ihm nicht erklären. Die Tatsachen des Lebens selber geben ihm auch nicht die Erklärung. Bei einem Menschen, bei welchem wir solches beobachtet haben, wird man erfahren können, wenn man aufmerksam zu Werke geht —

man muß allerdings auch einen Blick für solche Dinge haben —, daß er jetzt Dinge weiß und kann, über die er früher nichts gewußt, die er früher nicht gekannt hat. Geht man der Sache weiter nach, wenn man durch die Lehren des Okkultismus und der Geisteswissenschaft durchgegangen ist, so wird man von ihm ungefähr folgendes hören können: Ich komme mir jetzt ganz merkwürdig vor. Ich träume jetzt etwas von einer Persönlichkeit, die ich nie im Leben gesehen habe. Sie spielt in meine Träume hinein, obgleich ich mich nie mit ihr beschäftigte. — Verfolgt man die Sache nun, so wird man finden, daß er bisher keine Veranlassung gehabt hat, sich mit ihr zu beschäftigen. Nun starb aber die Person, und nun erst tritt sie an ihn heran in der geistigen Welt. Als sie ihm genügend nahe gekommen war, zeigte sie sich ihm noch als Traumgestalt in einem Traume, der mehr war als Traum. Von dieser Person, die er vorher im Leben nicht gekannt hat, die aber, nachdem sie gestorben war, Einfluß auf sein Leben gewann, kamen die Impulse, die er vorher nicht gehabt hatte.«[9]

Erst ein sogenannter Toter ist wirklich reif, um auf andere Menschen, die noch verkörpert sind zu wirken. Damit verstößt er auch nicht gegen die Freiheit der Menschen, die er inspiriert. »Denn eigentlich, so sonderbar dies klingt, so recht reif, um unmittelbar auf andere Menschen zu wirken, indem wir in ihr Inneres hineinwirken, werden wir erst nach unserem Tode. Das, was wir im Leben nicht sollten: unsere eigenen Gewohnheiten einem anderen Menschen aufdrängen, der mündig geworden ist – ich meine jetzt geistig mündig geworden ist, nicht staatlich –, das ist aber recht und entspricht den Bedingungen der Fortentwickelung der Menschheit, nachdem wir selber durch die Pforte des Todes geschritten sind. Außer allem übrigen, was im fortschreitenden Karma und in den allgemeinen Gesetzen der Inkarnation enthalten ist, finden diese Dinge statt. Und wenn Sie nach den geheimen Ursachen fragen, warum die Menschen, sagen wir, jetzt dies oder jenes tun, so werden Sie bei vielem – allerdings nicht bei allem – finden, daß sie es tun aus dem Grunde, weil gewisse Impulse von denjenigen herunterfließen, die vor zwanzig, dreißig Jahren gestorben sind, oder die vor noch längerer Zeit gestorben sind. Das sind die geheimen, aber konkreten Zusammenhänge zwischen der physischen und der geistigen Welt. Denn nicht nur für uns selber reift etwas heran in demjenigen, was wir durch die Pforte des Todes tragen, sondern auch für die übrige Welt. Aber es wird erst von einem bestimmten Momente ab wirklich reif, auf andere zu wirken.«[10]

Der 7. Irrtum

Die Lebenden können nichts mehr für die Toten tun.

Es dürfte wohl zu den größten Tragödien unserer Zeit gehören, dass uns eine tiefe, schier unüberwindbare Kluft von unseren sogenannten Toten zu trennen *scheint*. Selbst diejenigen Zeitgenossen, die davon überzeugt sind, dass ihre lieben Verstorbenen in einer anderen Welt weiter*leben*, vermögen ihnen außer einem mehr oder weniger würdigen Begräbnis und ihrer Trauer, die zudem für die Toten noch sehr bedrückend und hinderlich sein kann, nichts zu geben.

Wir haben ja schon gesehen, dass Verstorbene aus ihren übersinnlichen Welten heraus den Lebenden, insbesondere solchen, mit denen sie im Erdenleben verbunden waren, sehr viele Wohltaten erweisen können, auch wenn die Lebenden sich dessen im Normalfall gar nicht bewusst werden. Es kann für einen Verstorbenen zu einer sehr schlimmen, ja unerträglichen Erfahrung werden, wenn er erkennen muss, dass seine Hinterbliebenen nicht mehr ganz real mit seiner Existenz rechnen und keinerlei Verbindung mehr zu ihm suchen.

Das, was in diesem Kapitel beschrieben werden soll, zeigt, dass die Lebenden sehr viel für ihre lieben Dahingeschiedenen leisten können. Es kann mit dazu beitragen, eine Brücke zwischen den Lebenden und den sogenannten Toten zu bauen.

Die Begleitung in den ersten Tagen nach dem Tod

Die Begleitung eines Verstorbenen sollte schon unmittelbar nach Eintritt des Todes seinen Anfang nehmen.

Der Brauch, der bis vor 60, 70 Jahren noch wie ganz selbstverständlich gepflogen wurde, kann auch heute wieder aufleben. Sofern ein Angehöriger in der eigenen Wohnung stirbt, sollte man – sofern es die Räumlichkeiten hergeben – seinen Leichnam in der Wohnung aufbahren. In den einzelnen Bundesländern gibt es unterschiedliche Vorschriften, wie lange das erlaubt ist. Sofern keine rechtlichen oder sonstigen Vorschriften dagegen sprechen, *kann* man ihn durchaus bis kurz vor der Trauerfeier, der dann die Einäscherung oder Erdbestattung folgt, in der Wohnung lassen. Das war noch bis in die 1950er-Jahre absolut üblich.

Es empfiehlt sich, das Sterbelager mit Blütenblättern zu schmücken und Kerzen zu entzünden.

Angehörigen und Freunden kann man jetzt die Gelegenheit geben, sich in Ruhe und Würde von dem Toten zu verabschieden.

Ein weiterer schöner Brauch früherer Tage könnte dann auch wieder belebt werden: Die *Totenwache*.

Rund um die Uhr wacht mindestens eine Person bei dem Toten. Dabei könnte man sich im 1- oder 2-Stunden-Takt mit anderen Angehörigen, Freunden, Bekannten oder Nachbarn abwechseln. Der Wachende kann Gebete sprechen oder aus der Bibel vorlesen. Das wichtigste Gebet für *alle Lebenslagen* ist das »Vaterunser«, das Christus selbst den Menschen geschenkt hat. Diesem Gebet wohnt – wie Rudolf Steiner einmal sagte – eine magische Kraft inne. Sofern man das Vaterunser mit großer Aufmerksamkeit, Andacht und Würde spricht, wird diese Kraft ihre positive Wirkung nicht verfehlen, selbst dann, wenn der Betende den Sinn der ungeheuer tiefen Worte dieses Gebetes nicht gänzlich zu verstehen vermag.[1]

In den ersten Tagen und Wochen nach dem Tod kann es für den Verstorbenen besonders hilfreich und wohltuend sein, wenn man aus den Evangelien liest. Welches Evangelium bzw. welches Kapitel man wählt, ist gar nicht so entscheidend. Die meisten Evangelientexte stellen einen urbildlichen Hintergrund *jeder* menschlichen Biografie dar. Besonders empfehlen kann man allerdings, das »*Hohepriesterliche Gebet*«, das sich im 17. Kapitel des *Johannes-Evangeliums*, dem spirituellsten aller Evangelien, findet.

Neben den Gebeten oder Evangelientexten gibt es noch eine Fülle von Sprüchen, die man auch als »*Gebets-*« oder »*Meditationssprüche*« bezeichnen könnte, die für einen Verstorbenen eine äußerst positive Wirkung haben können. Rudolf Steiner verdanken wir etliche Sprüche, die er für die Begleitung Verstorbener gegeben hat. Bei diesen Sprüchen handelt es sich nicht um irgendwelche Texte, die sich ein kreativer Mensch ausgedacht hätte und die ein anderer schön oder weniger schön, ansprechend oder weniger ansprechend finden könnte. Alle diese Worte hat Rudolf Steiner unmittelbar aus der geistigen Welt empfangen. Diese Sprüche werden genau wie das Vaterunser ihre Wirkung nicht verfehlen, auch wenn man die tiefe Bedeutung nicht ganz verstehen sollte. Wir werden diese Sprüche an der jeweils geeigneten Stelle vorstellen. Im Anhang sind der Übersichtlichkeit wegen noch einmal *alle* Sprüche aufgeführt (☛ S. 169ff.).

Für einen Menschen, der gerade erst durch die Pforte des Todes geschritten ist, eignet sich ganz besonders der folgende Spruch:

> Unsre Liebe folge Dir,
> Seele, die da lebt im Geist,
> die ihr Erdenleben schaut;
> schauend sich als Geist erkennt.
> Und was Dir im Seelenland
> denkend als Dein Selbst erscheint,
> nehme unsre Liebe hin,
> auf daß wir in Dir uns fühlen,
> Du in unsrer Seele findest,
> was mit Dir in Treue lebet.[2]

Dieser Spruch wendet sich ganz offensichtlich an einen Menschen, der erst vor ganz kurzer Zeit die Todespforte durchschritten hat. Er eignet sich also insbesondere für die ersten Tage nach dem Tod, wenn der Mensch noch sein Erdenleben in dem gewaltigen Panorama schaut. Wie wir wissen, hat sich sein Ätherleib vom physischen Leib befreit, wodurch alle Erinnerungen an sein soeben abgelegtes Erdenleben frei werden. Er schaut jetzt etwa drei Tage lang auf sein Lebenstableau, das alle Situationen seines Lebens in allen Einzelheiten zeigt. Er schaut also sein Erdenleben. Der Spruch kann auch noch bei der Trauerfeier oder dem Begräbnis gesprochen werden.

Auch wenn man als *Einzelner* diesen Spruch zitieren möchte, können die Pluralformen »unsre« und »wir« durchaus beibehalten werden. Man kann sich dann vielleicht vorstellen, dass andere Menschen aus dem Lebensumfeld des Verstorbenen den Spruch mitsprechen oder mitdenken.

Sollte es nicht möglich sein, den Verstorbenen daheim aufzubahren, kann man prinzipiell dennoch genauso verfahren wie oben beschrieben. Nur dürfte es mit der nächtlichen Totenwache schwierig werden, wenn er in einem Abschiedsraum einer Leichenhalle, eines Bestattungsunternehmens oder eines Altenheims aufgebahrt wird.

Die Trauerfeier

Die Trauer- oder Verabschiedungsfeier, die dem Begräbnis oder der Kremation vorausgeht, erfolgt im Normalfall drei oder vier Tage nach Eintritt des Todes. Sie erfolgt meistens in einer Kirche oder in einer Trauerhalle eines Friedhofs. Sofern der Verstorbene auf einem ensprechenden Anwesen wohnte, kann sie durchaus auch dort auf dem Hof oder im Garten vollzogen werden. In den wohl meisten Fällen wird die Feier von einem Pfarrer der in Frage kommenden Religionsgemeinschaft nach deren Ritus zelebriert.

Ein ganz wesentlicher Bestandteil der Trauerfeier ist die *Trauerrede*.

Schauen wir aber zunächst einmal auf die Situation, in der der Tote sich jetzt gerade befindet.

Ungefähr drei, vier Tage nach seinem Übergang, also etwa am Tage der Trauerfeier oder kurz davor, schwindet für den verstorbenen Menschen das Lebenstableau dahin. Ein paar Tage lang hat er sein ganzes abgelegtes Leben noch einmal in großen Bildern verfolgen können. In diesen gewaltigen Bildern hat er gewissermaßen gelebt. Das war für ihn sehr wichtig, damit sein nachtodliches Ich-Bewusstsein angefacht werden konnte. In dieser kurzen Zeitspanne war er vorwiegend damit beschäftigt, sein soeben beendetes Erdenleben anzuschauen. Jetzt kann er sich langsam für andere Wahrnehmungsmöglichkeiten öffnen. Es kann für ihn nun durchaus eine große Bedeutung haben, wenn man sich im Familien- oder Freundeskreis des Öfteren über ihn und sein Leben unterhält, wenn man Stationen seines Lebens Revue passieren lässt. Das sollte seinen Anfang nehmen bei der Trauer-, Grab- bzw. Leichenrede.

Solche Ansprachen können genutzt werden, um charakteristische Eigenschaften und wesentliche Lebensstationen des Verstorbenen zu beleuchten.

Diese Reden sollten frei von Sentimentalitäten und Pathos sein. Auch eine Schönfärberei sollte vermieden werden. Wichtig ist, dass der ›rote Faden‹ seines Lebens sichtbar gemacht wird. Hervorzuheben sind solche Handlungen und Beziehungen, die für seine Mitmenschen eine Bedeutung hatten. Es darf als sicher angenommen werden, dass der Verstorbene das mitbekommt, insbesondere dann, wenn die Rede mit innigen Gedanken und Gefühlen durchpulst ist. Er kann dadurch erkennen, wie sich sein Dasein im Erleben seiner Mitmenschen gespiegelt hat. Auch ein solcher ›Lebensrückblick‹ kann ihm dabei helfen, sein Ich-Bewusstsein entfachen und bewahren zu können. Diese Rede kann man durchaus auch so auffassen, dass der Verstorbene damit den übrigen ›Himmelsbewohnern‹ vorgestellt wird.

Meistens wird die Trauerrede von einem Pfarrer, dem die Angehörigen rechtzeitig die Lebensdaten und die besonderen Erlebnisse des

Verstorbenen zuleiten müssen, gehalten. Sie kann aber auch von einem Familienmitglied oder Freund übernommen werden.

In vielen Fällen wird sich die Trauergemeinde – oder zumindest der innere Kern – anschließend zum »Leichenschmaus« begeben. Leider scheint die Unsitte immer mehr um sich zu greifen, dass während dieser Zeit über alles Mögliche gesprochen wird, nur nicht über den Toten, und dass der Alkoholkonsum bisweilen bedenkliche Ausmaße annimmt. Natürlich ist es häufig so, dass man entferntere Verwandte fast nur auf Beerdigungen zu sehen bekommt und nun den Wunsch hat, mit ihnen auch über andere Dinge zu reden.

Dennoch sollte bei solchen Anlässen der Tote im Mittelpunkt des Interesses und der Gespräche stehen.

Es gibt verschiedene Möglichkeiten, wie man einen würdigen Leichenschmaus organisieren kann.

Einen sehr schönen und nachahmenswerten hat der Verfasser vor Jahren erleben dürfen. Die etwa 15 Personen umfassende Trauergesellschaft saß um einen Tisch herum. Es gab Kaffee und Streuselkuchen, keinen Tropfen Alkohol. Während des Kaffeetrinkens und auch noch anschließend war es dann so, dass jeweils einer aus dem Kreis völlig ungezwungen aufstand und einige Minuten von gemeinsamen Erlebnissen mit dem Verstorbenen erzählte. Alle anderen lauschten aufmerksam. Je nach Art der Erlebnisse wurde bisweilen geweint oder auch herzlich gelacht. Nachdem der eine seine Schilderungen beendet hatte, stand der nächste auf und berichtete von seinen gemeinsamen Erlebnissen mit dem Toten. In all der Zeit – es dürfte sich wohl um gut zwei Stunden gehandelt haben – wurde kein Wort gesprochen, das nicht den Verstorbenen betraf. Auch der Witwe schien diese Runde gut zu tun.

Diese Art, im Familien- oder Freundeskreis über charakteristische Begebenheiten aus dem gemeinsamen Erleben mit dem Toten zu erzählen, kann man deutlich über den Tag der Verabschiedung ausdehnen. Man darf sich sicher sein, dass der Verstorbene das zumindest solange noch ›hören‹ kann, wie er im Kamaloka weilt, also etwa in einer Zeitspanne, die einem Drittel seines letzten Erdenlebens entspricht. Auch jetzt kann es für den Toten noch eine Bedeutung haben, auf diese Weise seinen ›Lebensfaden‹ und die Einschätzung seiner Mitmenschen erkennen zu können. Auch hierdurch könnte seine für das nachtodliche Leben so außerordentlich wichtige Selbsterkenntnis gefördert werden.

Sie kennen sicher den lateinischen Spruch *»De mortuis nihil nisi bene«*, der *ganz wörtlich* übersetzt werden kann mit: »Über Tote nichts, wenn nicht gut«. Etwas freier wird er meistens mit »Über Tote soll man nur Gutes reden« übersetzt. Dieser Spruch führt bei vielen Menschen dazu, dass sie die Schattenseiten, die gewiss jeder Mensch hat, ausklammern, wenn sie über einen Verstorbenen reden oder seiner gedenken. Das führt auch zu den schöngefärbten Trauerreden, die man immer wieder hören kann. Es ist aber für einen Sphärenmenschen nicht hilfreich, wenn man ihm auf diese Weise sein Erdenleben in einer im Grunde verzerrten Weise spiegelt. Die Bedeutung des Spruches kann und sollte man eher so auffassen, dass man über einen Toten nur in einer »guten Gesinnung« oder in einer »guten Absicht« redet. Wenn man ihm also gewisse negative Eigenschaften oder gar Verfehlungen spiegelt, so sollte man das in der guten Absicht machen, dass ihm dadurch solche deutlich werden können, dass er erkennen kann, wie diese auf seine Mitmenschen gewirkt haben, wie sie bei ihnen angekommen sind. Das, was man dann sagt oder denkt, sollte nicht den Charakter des Verurteilens haben und frei von Zorn sein. Vielmehr sollte man dem Toten seine Schattenseiten liebevoll beleuchten.

Unsere lieben Verstorbenen sind immer in unserer Nähe

Jeder Erdenmensch kann über das bisher Geschilderte hinaus, das ja nur die ersten Tage nach dem Tod betrifft, ungeheuer viel für seine lieben Verstorbenen leisten; er kann sie auf vielfältige Art unterstützen. Dabei spielt es keine Rolle, ob diese erst vor kurzem oder schon vor Jahrzehnten durch die Pforte des Todes geschritten sind. Bevor wir erörtern wollen, was wir als Hinterbliebene für die, die uns vorangegangen sind, tun können, müssen wir noch einmal auf etwas sehr Grundsätzliches zurückkommen. Wir müssen uns über eine grundlegende Tatsache Klarheit verschaffen.

Wie wir bereits in den Kapiteln *»Der 3. Irrtum«* und *»Der 6. Irrtum«* gesagt haben, ist es ja nicht etwa so, dass die sogenannten Toten in einer Welt weilen, die fernab der Erdenwelt liegt. Vielmehr durchziehen und durchdringen sich die übersinnlichen Welten, in die sie nach ihrem Tod aufgenommen worden sind, mit unserer physischen Welt. Somit ist es absolut richtig zu sagen, dass die Toten immer um uns herum sind. Insbesondere werden sie sich häufig in der Nähe ihrer noch auf der Erde lebenden engen Angehörigen und guten Freunde bewegen. Selbstverständlich werden sich die weitaus meisten Menschen der Anwesenheit ihrer Dahingeschiedenen nicht bewusst. Nur ein hellsichtiger Mensch kann ihre Präsenz wahrnehmen. Allerdings kann eine gewisse Hell*fühligkeit* schon ausreichend sein, um die Anwesenheit eines Toten zu erspüren. Auch wenn man ihn nicht wahrnehmen kann, kann man erfühlen, dass er da ist. Wir alle haben eine ständige Verbindung zu den Sphärenmenschen aus unserem Lebensumfeld. **»Je konkreter die Beziehungen im Leben waren, desto konkreter sind die Beziehungen auch zu dem Toten.«**[3] Selbst wenn wir uns nur hin und wieder an sie erinnern würden, wenn wir nur von Zeit zu Zeit an sie denken würden, würde diese Verbindung nicht abreißen!

»Die auf dem physischen Plan gebliebenen Menschen haben fortwährend eine Verbindung mit den Menschen, die abgeschieden sind und in der übersinnlichen Welt sind, wenn sie nur irgendwie die Gedanken an sie richten, und auch in den Momenten, wo sie die Gedanken nicht an sie richten, wenn sie nur irgend einmal die Gedanken an sie richten, bleibt die Beziehung bestehen. Bei der gegenwärtigen Menschheitsorganisation kann der auf dem physischen Plan Lebende in sein Wachbewußtsein nicht hereinbringen sein Wissen von diesen Banden. Daraus aber, daß man etwas nicht weiß, darf man nicht schließen, daß das Betreffende nicht da wäre.

Das wäre ein sehr oberflächlicher Schluß. Sonst würden diejenigen, die jetzt hier in diesem Raum sitzen und Nürnberg nicht sehen, leicht beweisen können, daß es Nürnberg nicht gibt. Wir müssen uns also klar sein, daß zwar durch die Organisation des gegenwärtigen Menschen der Mensch nichts weiß von der Verbindung mit den Toten, daß diese aber vorhanden ist.«[4]

Wenn wir unseren lieben Verstorbenen gewisse Wohltaten erweisen wollen, wie das im Folgenden erläutert werden soll, reicht diese bloße und ganz selbstverständliche Verbindung nicht unbedingt aus. Wenn wir ihnen beispielsweise etwas mitteilen wollen, wenn wir ein Gebet für sie sprechen wollen, wenn wir also eine gewisse *Gemeinschaft* mit den Toten wünschen, so ist es sehr wichtig, *was* und *wie* wir ihnen etwas sagen.

Wenn wir mit einem Sphärenmenschen ›reden‹ möchten, so ist es zunächst einmal völlig unerheblich, *wann* oder *wo* wir das machen. Es macht dabei keinen Unterschied, ob wir laut, leise oder nur innerlich, gedanklich zu ihm sprechen. Wichtig ist, dass wir alles, was wir an ihn richten wollen, mit den entsprechenden Gedanken und Gefühlen imprägnieren. Bei dem, was wir sagen, muss es sich nicht unbedingt um große spirituelle Weisheiten handeln. Freilich macht es keinen Sinn, über materielle Dinge mit ihm zu sprechen, die nur im Erdensein eine Bedeutung haben. Würden wir ihm beispielsweise sagen, dass unser Fernseher kaputt ist oder dass wir uns ein neues Auto gekauft haben, so wäre das für ihn ein Nichts. Solche Dinge spielen in seiner Welt nicht mehr die geringste Rolle. Um eine konkrete Gemeinschaft mit dem Verstorbenen haben zu können, dürfen wir ihm keine abstrakten, materiellen Gedanken schicken.

Damit er uns wirklich finden kann, damit er unsere Gedanken empfangen kann, ist es wichtig, dass wir uns *vorher* ein wenig auf ihn einstimmen. Dazu können wir uns sein Antlitz, seine Mimik sowie für ihn charakteristische Gesten oder seinen Gang visualisieren. Wir können in uns sein Lachen, den Klang seiner Stimme und für ihn typische Formulierungen rege machen. Wir können uns Erlebnisse, die wir mit ihm hatten, oder Gespräche, die wir mit ihm geführt haben, in Erinnerung rufen. Das sollten wir uns alles so konkret und lebendig wie möglich im Bilde vorstellen. »Wenn wir also abstrakte, verblaßte Gedanken an einen Toten richten, kann er mit uns nicht Gemeinschaft haben; wohl aber, wenn wir uns recht innerlich konkret vorstellen, wie wir mit ihm da oder dort zusammengestanden haben, wie wir mit ihm gesprochen haben, wie er das oder jenes durch sein eigenes Sprechen von uns gewollt hat. Der Gedankeninhalt, der blasse Gedankeninhalt wird nicht viel fruchten, wohl aber, wenn wir eine feine Empfindung entwickeln für den Klang seiner Sprache, für die besondere Art von Emotion oder Temperament, mit dem er sich mit uns unterhalten hat, wenn wir das lebendig warme Zusammensein mit seinen Wünschen fühlen, kurz, wenn wir uns dieses Konkrete vorstellen, aber so, daß unsere Vorstellungen Bilder sind: wenn wir uns selber sehen, wie wir mit ihm zusammengestanden oder zusammengesessen haben, wie wir die Welt mit ihm erlebt haben. Leicht konnte man glauben, daß über den Tod hinüber gerade die blassen Gedanken spielen. Das ist nicht der Fall. Die anschaulichen Bilder spielen über den Tod hinüber. Und in Bildern des Sinnenscheins, in Bildern, die wir nur dadurch haben, daß wir Augen und Ohren, eine Tastempfindung und so weiter haben, in solchen Bildern bewegt sich das, was der Tote wahrnehmen kann.«[5]

Wenn man etwas Übung hat, so kann manchmal schon eine knappe Minute durchaus hinreichend sein, um sich auf den Verstorbenen einzustimmen. Man muss im Übrigen keineswegs befürchten, dass wir dadurch den Toten zu etwas zwingen würden. »Wenn das Zusammenleben mit den Toten gepflegt wird, muß immer daran gedacht werden, daß der Tote nur dann wahrnehmen werde, was wir in unseren Seelen für ihn hegen, wenn er den Zusammenhang mit uns will. Und irgendeine Macht auszuüben über den Toten, das liegt gerade dem Geistesforscher vollständig ferne. Der Geistesforscher weiß ganz gut, daß der Tote in einer Sphäre lebt, in der andere Willensverhältnisse sind als die in der physischen Welt. Unheil wäre die Folge, wenn ein Erdenmensch in ungehöriger Weise in das Leben der Toten eindringen würde.«[6]

Der Umgang mit der eigenen Trauer

Jeder von uns, der schon einmal den Tod eines ihm sehr vertrauten und liebgewonnenen Menschen zu beklagen hatte, weiß um die Gefühle, die einen in einer solchen Situation überfallen. In den ersten Tagen nach Eintritt des Todes ist man manchmal noch in einer Art Schockzustand; man ist wie paralysiert. Aber spätestens nachdem der Körper des geliebten Menschen der Erde übergeben worden ist, wird einem nach und nach bewusst, was eigentlich passiert ist. Der liebe Verstorbene hat eine Lücke gerissen, die durch nichts und niemanden ausgefüllt werden kann. Man scheint seiner Trauer ohnmächtig und hilflos ausgeliefert zu sein. Diese Trauer ist völlig normal und sollte durchaus gelebt werden.

Nun ist der Trauernde aber nur der *eine* Mensch, der hier zu berücksichtigen ist. An die Situation des Betrauerten wird oftmals kaum gedacht, was wieder einmal deutlich macht, dass viele wohl doch nicht ganz ernsthaft und bewusst damit rechnen, dass dieser nach wie vor – und zwar realer denn je – existiert! So beachtet man nicht, dass die Gefühle der Hinterbliebenen auch eine Auswirkung auf den Verstorbenen haben können. Dieser kann ja nach wie vor das Seelische, also insbesondere auch die Emotionen der Menschen, die er zurückgelassen hat, wahrnehmen. Er bekommt also deren Gefühle, ihre Freude, Dankbarkeit, aber auch ihre Trauer und ihren Schmerz sehr wohl mit.

Nun kann man sich leicht vorstellen, dass es für den Menschen, nachdem er durch die Pforte des Todes gegangen ist, sehr bedrückend sein kann, wenn er diese tiefe Trauer seiner Hinterbliebenen verspürt. Sie kann ihm sogar die ersten Phasen seines nachtodlichen Lebens gewaltig erschweren. Besonders hinderlich für seine weitere Entwicklung kann es sein, wenn er den Wunsch wahrnehmen kann, dass man ihn am liebsten wieder auf der Erde zurückhaben möchte. Den Toten ist es eine große Erleichterung, wenn sie wahrnehmen können, dass die Trauernden sich in ihr Schicksal fügen und sich zu der Einsicht erheben können: »Die **waltende Weisheit** hat ihn uns in der rechten Stunde nehmen wollen, weil sie ihn auf anderen Gebieten des Daseins braucht, als hier das Erdendasein ist.«[7]

Es ist verständlich, dass wir unsere lieben Toten beweinen, aber über dieses Weinen müssen wir hinauskommen. Und wenn wir sie beweinen, dann sollten wir es in dem freudigen Bewusstsein tun, dass sie *leben*, ja sogar *realer* leben als wir! Wenn uns ein lieber Mensch wegstirbt, so sollten wir das lebendige Empfinden in uns rege machen, dass er uns lediglich vorangegangen ist, dass er lediglich eine andere Daseinsform angenommen hat. Der Verstorbene steht unserem Fühlen so gegenüber, wie ein Mensch, der in ein fernes Land gezogen ist, in das wir ihm erst später folgen können. Wenn wir uns diese Tatsache wirklich klarmachen, so kann das ein großer Trost sein. Das Einzige, was wir zu ertragen haben, ist eine gewisse Zeit, in der wir durch unseren Bewusstseinszustand von ihm getrennt sind.[8]

Wir könnten dem Sphärenmenschen, der ja immer in unserer Nähe ist, nun durchaus etwa erzählen, wie es uns geht, wie wir uns fühlen. Freilich dürfen wir ihm sagen oder zeigen, dass wir traurig sind und ihn vermissen. Diese Praxis kann auch den Hinterbliebenen helfen, ihre Trauer zu verarbeiten. Wie aber bereits erwähnt sollte man dem Toten nicht das Gefühl spiegeln, dass wir ihn am liebsten wieder zurückhaben möchten.

Totengedenktage

In der katholischen Kirche kennt man die sogenannten »Seelenmessen«, die Angehörige für ihre Verstorbenen lesen lassen können. Meistens macht man das an besonderen Jahrestagen, etwa dem Geburts- oder Todestag. Dagegen soll hier nichts eingewendet werden. Allerdings ist die Praxis, für solche Messen ein – wenngleich geringes – Entgelt zahlen zu müssen, etwas fragwürdig, da sie doch stark an gewisse längst für überwunden gehaltene Ablasspraktiken erinnert. Es könnte somit der Eindruck entstehen, dass sich das

›Seelenheil‹ des Verstorbenen *erkaufen* ließe. Es wäre zu begrüßen, wenn die Verstorbenen – wie es in der *»Menschenweihehandlung«* der *»Christengemeinschaft«* geschieht – bei jeder Feier des Messopfers ausdrücklich und bewusst zum Mitvollzug des Gottesdienstes ›eingeladen‹ würden.

Dann gibt es in der Tradition der christlichen Kirchen noch die speziellen Bräuche an den besonderen »Totengedenktagen« wie »Totensonntag«, »Allerheiligen« und »Allerseelen«, die für die Verstorbenen sehr wohltuend sein können. Die Erinnerungen an die Verstorbenen, die wir an diesen Gedenktagen in unserer Seele aufleben lassen, haben für sie eine große Bedeutung. **»Von demjenigen, was tieferes unterbewußtes ›Bewußtsein‹ ist, werden diese Dinge gewußt, und das Leben wurde auch immer danach eingerichtet. Darum wurde Wert darauf gelegt von den menschlichen Gemeinschaften, daß Allerseelentage, Totentage und dergleichen gefeiert werden.«**[9]

Wenn wir an einem dieser Tage die Gräber unserer lieben Verstorbenen aufsuchen, so sollten wir das nicht gedankenlos oder nur, weil es eben Brauch ist, tun. Vielmehr sollten wir mit ganzer Seele des jeweiligen Sphärenmenschen gedenken, indem wir uns auf ihn in der Weise einstimmen, wie wir das bereits beschrieben haben (☛ S. 119f.). Selbstverständlich sollten wir auch ein Gebet oder einen der vielen Sprüche, die wir Rudolf Steiner verdanken, sprechen.

Man könnte beispielsweise den folgenden Spruch wählen:

> **Unsere Liebe sei den Hüllen,
> die Dich jetzt umgeben –
> kühlend alle Wärme,
> wärmend alle Kälte –
> opfernd einverwoben!
> Lebe liebgetragen,
> Licht beschenkt nach oben!**[10]

Wenn man diesen Spruch zitiert, kommt es sehr darauf an, dass man bei den Worten »Wärme« und »Kälte« die richtigen Empfindungen hat. Damit sind natürlich nicht physische »Wärme« und »Kälte« gemeint, die ein Mensch, der durch die Pforte des Todes geschritten ist, auch gar nicht mehr verspüren könnte. Das, was hiermit gemeint ist, könnte man am ehesten mit »Gefühlswärme« und »Gefühlskälte« bezeichnen. Der Verstorbene hat im Kamaloka noch das Verlangen, mit physischen Organen wahrnehmen zu wollen. Diese Organe hat er aber mit seinem physischen Leib abgelegt. Die starken »Hitzeempfindungen«, die er jetzt zeitweise hat, sind die Folge davon, dass er diese Wahrnehmungen nicht mehr haben kann, dass er sie entbehren muss. Auch sein Wille verlangt noch danach, sich physischer Organe und Werkzeuge zu bedienen, wie er es im Erdenleben gewohnt war. Die Unmöglichkeit, sich nun dieser Organe und Werkzeuge bedienen zu können, führt zu einer weiteren großen Entbehrung, die einem seelischen Kältegefühl gleichkommt.[11]

Am Ende des Gräberganges könnte man folgenden Spruch zitieren, mit dem man sich noch einmal an *alle* Verstorbene, derer man gedenken möchte, wendet:

Es empfangen Angeloi, Archangeloi, Archai
im Ätherweben
das Schicksalsnetz des Menschen.

Es verwesen in Exusiai, Dynamis, Kyriotetes
im Astralempfinden des Kosmos
die gerechten Folgen des Erdenlebens des Menschen.

Es auferstehen in Thronen, Cherubim, Seraphim
als deren Tatenwesen
die gerechten Ausgestaltungen des Erdenlebens des Menschen.[12]

Mit diesem Spruch wendet man sich insbesondere an Menschen, die schon vor langer Zeit die Pforte des Todes durchschritten haben und bereits über das Kamalokaleben hinausgekommen sind. Er bezieht ausdrücklich alle geistigen Wesen der neun Engelreiche (☛Anhang, Tabelle 2, S. 162ff.) mit ein, die hier explizit mit ihren griechischen bzw. hebräischen Namen angesprochen werden. Mit diesen erhabenen Wesen kommen die Sphärenmensch nun immer mehr zusammen. Dieser Spruch eignet sich insbesondere, wenn man sich an *viele* Tote wenden möchte, etwa an *alle* Verstorbenen aus seiner Familie oder seinem Lebensumfeld, unabhängig davon, in welcher Region oder Sphäre diese sich gerade befinden.

Dass diese Form des Gedenkens für die Toten zum Labsal werden kann, wird deutlich, wenn wir die folgende Aussage Rudolf Steiners berücksichtigen, die er aufgrund seiner Geistesschau geben konnte: »Wenn man auf einen Friedhof geht, am Totensonntag oder am Allerseelentag, und dort viele Menschen sieht, die in dieser Zeit erfüllt sind von dem Bilde ihrer teuren Toten, und man blickt dann hinauf in die Seelen derer, an die da erinnert wird, dann sind das die Dome, die Kunstwerke für diese Toten. Dann durchleuchtet das, was ihnen da von der Erde hinaufstrahlt, für diese Toten die Welt wie ein herrlicher Dom, der uns Geheimnisse kündet, uns die Welt durchleuchtet, oder wie ein Bild, das uns lieb und wert ist, einen lieben Menschen vergegenwärtigt.«[13]

Dieses Gedenken unserer lieben Toten einschließlich des Sprechens von Gebeten und des Zitierens der Sprüche können wir selbstverständlich auch des Öfteren im Familienkreis oder auch allein daheim pflegen. Die Toten sind ja überall, immer um uns herum, so dass wir sie von *jedem* Ort aus erreichen können.

»Es muß der Verkehr mit den Toten durchaus innerhalb des Seelischen bleiben. Dabei kann es sich nur darum handeln, daß immer nur dasjenige Gebet an die Toten zu richten ist, das die Tendenz hat, zu den Toten hin die Brücke zu finden, und daß auch die Meditation, die rituelle Handlung und so weiter so an die Toten gerichtet werden, daß man dadurch seelisch in Beziehung zu den Toten kommt. Auf diese Weise ist sowohl der Welt gedient, in welcher die Toten sich befinden, als auch der Welt, in welcher die Lebenden sich befinden; das heißt diejenigen, die auf der Erde lebend sich befinden; denn gar manches, was die Menschen, ohne von dessen Ursprung eine wirkliche Vorstellung zu haben, in das

Wort ›genial‹ zusammenfassen, ist in Wirklichkeit eine Eingebung von Toten, die sich in die Gedanken der Menschen hineinfinden. Also das, was wir entwickeln mit Bezug auf die Toten im Kultus, im Gebet, in der Meditation, das sind absolut berechtigte Sachen.«[14]

Es ist für unsere Verstorbenen von eminenter Bedeutung, dass wir des Öfteren ganz gezielt und bewusst Kontakt zu ihnen aufnehmen. Es wäre für sie fatal, wenn sie erkennen müssten, dass sie uns gleichgültig wären oder dass wir nicht ganz real mit ihrer Existenz rechneten.

Insbesondere in der ersten Zeit nach dem Tod könnte man dem Toten, dessen man gedenken möchte, etwa einfach *erzählen*, wie es einem geht, wie man sich fühlt, usw. Diese Vorgehensweise kann aber nur dann empfohlen werden, wenn man schon weitgehend über die tiefe Trauer des Verlustes hinweggekommen ist. Ansonsten könnte das für den Toten sehr belastend sein. Sofern man den Toten wirklich von Herzen geliebt hat, so könnte es sehr förderlich sein, wenn man ihm das des Öfteren ganz deutlich sagt. Wenn man zu dem Toten ein eher angespanntes Verhältnis hatte, so kann man ihm jetzt vielleicht darzulegen versuchen, warum man keine bessere Beziehung finden konnte. In jedem Fall sollte man sich bei den Seelen, die nun in einer anderen Welt weilen, aufrichtig bedanken, dass man mit ihnen sein Leben teilen durfte. Ein solcher Dank gebührt auch denjenigen, mit denen man so seine Probleme hatte. Diese Probleme hatten ganz gewiss ihre gute Berechtigung und Bedeutung. Vielleicht ist man gerade durch diese Schwierigkeiten ein wenig gereift und in seiner geistig-seelischen Entwicklung gewachsen.

Überhaupt sollten wir viel häufiger ein mehr allgemeines Dankbarkeitsgefühl in uns rege machen. Die Welt verdient unseren Dank für so viele Geschenke, die sie uns jeden Tag, an dem sie unser Leben mit neuen Erfahrungen und Eindrücken bereichert, beschert. Wenn wir es nicht zu einer solchen allgemeinen Empfindung des Dankes bringen können, »so finden die Toten nicht die gemeinsame ›Luft‹ mit uns«.[15]

Oftmals sind Hinterbliebene todtraurig und verzweifelt, weil sie noch in der Schuld des Verstorbenen stehen oder zu stehen glauben. Nicht selten wird man sich erst dann dessen bewusst, was man einem Mitmenschen an Kummer zugefügt oder an Unterstützung unterlassen hat, wenn dieser durch die Pforte des Todes geschritten ist. In einem solchen Fall kann es von Bedeutung sein, dem Dahingeschiedenen seine Motive für das lieblose Verhalten darzulegen und aufrichtig um Verzeihung zu bitten. Insbesondere kann man aber auch einem Verstorbenen noch etwas verzeihen, sofern dieser sich einem gegenüber schuldhaft verhalten haben sollte. Auch ein postmortales Verzeihen dürfte noch sehr positive Auswirkungen haben, wenngleich es die karmischen Konsequenzen des schuldhaften Verhaltens wohl nur mildern kann.

Verbindung mit den Verstorbenen während des Schlafes

Es wurde ja schon darauf hingewiesen, dass die sogenannten Toten selbst lange Zeit, nachdem sie durch die Pforte des Todes geschritten sind, noch ungleich mehr von dem mitbekommen, was sich auf der Erde abspielt und was in den Seelen ihrer Hinterbliebenen vorgeht, als viele – selbst durchaus religiös oder spirituell gesinnte Zeitgenossen – annehmen. Insbesondere haben sie noch eine sehr deutliche Wahrnehmung der Gefühle und Gedanken, die in den Seelen der Menschen leben, die sich noch im Erdendasein befinden. Wenn also ein Erdenmensch über eine grüne Wiese spazieren geht oder des Nachts den Sternenhimmel betrachtet, so kann der Verstorbene etwa das Staunen oder die Freude, die dieser Mensch dabei erlebt, voll miterleben. Er könnte aber beispielsweise die üblichen naturwissenschaftlichen Vorstellungen, die sich der verkörperte Mensch dabei zu Bewusstsein bringt, nicht wahrnehmen. Der Tote hat überhaupt keine Wahrnehmung mehr für irdische Gedanken, die sich *nur* auf rein Sinnliches und Alltägliches beziehen.

Er kann nur dann an dem Leben seiner lieben Angehörigen noch teilhaben, wenn diese es zumindest hin und wieder zu spirituellen Gedanken und Vorstellungen bringen können. Alle Gedanken und Vorstellungen, die wir uns während des Tages über geistige Welten, Wesen und Begebenheiten machen, sind für die Verstorbenen von großer Bedeutung. Diese spirituellen Gedanken und Vorstellungen, die in den Seelen der Erdenmenschen leben, können von den Toten wahrgenommen werden; daran können sie ganz intensiv teilhaben. Gedanken über materielle Dinge sind für sie nicht wahrnehmbar.[16] Es liegt also ganz wesentlich an uns, inwieweit wir unsere lieben Dahingeschiedenen – und natürlich auch alle anderen Verstorbenen – noch an unserem Leben teilnehmen lassen möchten. Man muss sich immer wieder vergegenwärtigen, dass das bewusste Zusammensein der Verstorbenen mit den auf der Erde zurückgebliebenen Menschen ungleich inniger und intensiver sein kann, als das im Erdendasein jemals möglich sein konnte.

Die Verstorbenen brauchen zwischen dem Tod und der neuen Geburt auch noch eine ›Nahrung‹, natürlich eine geistig-seelische Nahrung. Die schlafenden Menschen stellen in gewisser Weise das ›Saatfeld‹ für die Toten dar. Diese eilen gleichsam zu den Seelen der schlafenden Menschen hin, mit denen sie im Erdenleben verbunden waren, und suchen in ihnen nach den Gedanken, Ideen und Vorstellungen. Wie wir schon wissen, können die entkörperten Seelen materielle Gedanken, Ideen und Vorstellungen nicht wahrnehmen. Wenn die Lebenden es also tagsüber und insbesondere kurz vor dem Einschlafen nur zu solchen bringen könnten, müssten die Verstorbenen regelrecht ›verhungern‹. Rudolf Steiner sagte dazu: **»Oh, es hat etwas Erschütterndes, wenn man den hellsichtigen Blick richtet auf hingestorbene Menschen, die allnächtlich zu den schlafenden Zurückgebliebenen kommen – wir müssen da sowohl die Freunde als auch besonders die Blutsverwandten in Betracht ziehen – und wollen sich gleichsam laben, nähren an den Gedanken und Ideen, die diese mit in den Schlaf genommen haben – und finden nichts, was für sie nahrhaft ist. [...] Wenn wir den ganzen Tag über uns nur beschäftigen mit den materiellen Ideen des**

Lebens, wenn wir die Blicke nur richten auf dasjenige, was in der physischen Welt vor sich geht und dort verrichtet werden kann, und wenn wir nicht einmal vor dem Einschlafen einen Gedanken haben an die geistigen Welten [...], so bieten wir keine Nahrung für die Toten.«[17] Wenn wir nachts einschlafen, so beginnen die Gedanken, Ideen und Vorstellungen, die wir tagsüber in unserem Bewusstsein hatten, zu leben; sie »werden gleichsam lebendige Wesen«.[17] Wenn die Toten, die nun an unsere Seelen herantreten, spirituelle Gedanken und Ideen, die wir mit in den Schlaf hineingenommen haben, finden können, so werden diese für sie regelrecht zur Nahrung, zu einer Kraftquelle, zum Lebenselixier. Insbesondere für die Seelen derjenigen Verstorbenen, die sich zu Lebzeiten nicht mit spirituellen Themen befasst haben, können diese zu einem großen Labsal werden. Auch auf diese Art können sie noch geistige Erkenntnisse erwerben, die sie sich im Erdendasein anzueignen versäumt haben.

Man muss sicherlich nicht Tag für Tag Gedanken über große geisteswissenschaftliche Erkenntnisse wälzen. Darum geht es gar nicht so sehr. Wir sollten uns aber beispielsweise immer wieder einmal klarmachen, dass wir aus einer geistigen Sphäre stammen, dass wir einen geistig-seelischen Wesenskern in uns tragen, der unsterblich ist. Wir sollten des Öfteren ein Gefühl der Ewigkeit, der Ungeborenheit und der Unsterblichkeit, in uns rege machen. Auch unseren Schutzengel, der immer in unserer Nähe ist, sollten wir viel öfter in unser Bewusstsein heben. Wir sollten auch ein wenig lernen, zwischen den ›Zeilen des Lebens‹ zu ›lesen‹. Was könnte uns Tag für Tag alles geschehen, wenn wir irgendetwas geringfügig anders gemacht hätten, als wir es dann letztlich tatsächlich gemacht haben. Wenn uns also beispielsweise ein gewisses Gefühl oder ein merkwürdiger Impuls veranlasst, von einer geplanten Handlung Abstand zu nehmen oder sie zeitlich zu verschieben, so sollten wir uns bewusst machen, dass uns dadurch möglicherweise etwas Schlimmes erspart bleiben konnte. Dadurch können wir den Toten, die in dieser Sphäre der möglichen Ereignisse weben, besonders nahe sein. Vielleicht war es sogar ein uns nahestehender Verstorbener, der uns diesen Impuls gegeben hat. Dadurch gewinnen wir im Laufe der Zeit aber auch ein ganz konkretes Gespür dafür, wie das Karma wirkt und waltet.

In den Augenblicken kurz vor dem Einschlafen und kurz nach dem Aufwachen sind uns unsere lieben Verstorbenen so nah wie sonst nur ganz selten. Gerade in diesen Momenten sollten wir uns dazu aufschwingen, ihnen zumindest einige Gedanken der Liebe und des Dankes zu schicken.

Für die Toten ist es von größter Bedeutung, wenn insbesondere die Menschen, mit denen sie ein gemeinsames Erdenleben verbringen durften, darüber hinaus spirituelle Gedanken und Vorstellungen mit in den Schlaf hinübertragen. Nun muss man aber wohl zugeben, dass es nicht immer leicht fällt, sich vor dem Einschlafen mit spirituellen Gedanken und Empfindungen zu durchdringen, selbst wenn man sich das ernsthaft vorgenommen haben sollte. Zu sehr fordern noch die vielen kleinen und großen Probleme und alltäglichen Sorgen, die uns den Tag über beschäftigt haben, ihr Recht. Es bedarf schon einer gehörigen Willenskraft, diesen Gedanken nicht die Oberhand zu überlassen.

Während des Schlafes befinden wir uns in den übersinnlichen Welten, also in den Sphären, in denen die Verstorbenen und die geistigen Wesen der höheren Hierarchien weben und wesen. Der Schlaf vereinigt uns mit ihnen. In diesen Welten haben wir mannigfaltige Erlebnisse und Erfahrungen, die zu Lebzeiten die Bewusstseinsschwelle nicht überschreiten. Erst nach unserem Tod werden uns diese Erlebnisse bewusst, während wir noch einmal unser ganzes Erdendasein durchleben. Das Wissen und Bewusstmachen dieser Tatsachen kann uns schon in die richtige Stimmung versetzen, die für die Toten ein guter Nährboden sein kann. Die Toten ziehen ihre Nahrung aus den Vorstellungen, den Empfindungen und Gefühlen, welche die verkörperten Menschen in den Schlaf hinübertragen. Wenn die Erdenmenschen erfüllt von geistigen Vorstellungen in den Schlaf gehen, können die Toten daraus für lange Zeit Lebenskraft ziehen. **»Für die Toten ist es wichtig, daß diejenigen, mit** denen sie auf Erden in Verbindung gestanden haben, allabendlich in die Welt des Schlafes hinein mitnehmen Gedanken an die spirituelle Welt. Je mehr wir Gedanken an die spirituelle Welt hineinnehmen in den Schlaf, desto Besseres leisten wir für diejenigen, die uns hier im Leben persönlich bekannt waren oder mit uns in irgendwelchen Beziehungen gestanden haben und vor uns hinweggestorben sind.«[18]

Rudolf Steiner wies auf die »Heiligkeit« des Schlafes hin und empfahl, folgende Gedanken vor dem Einschlafen in sich rege zu machen: »Ich schlafe ein. Bis zum Aufwachen wird meine Seele in der geistigen Welt sein. Da wird sie der führenden Wesensmacht meines Erdenlebens begegnen, die in der geistigen Welt vorhanden ist, die mein Haupt umschwebt, da wird sie dem Genius [Schutzengel] begegnen. Und wenn ich aufwachen werde, werde ich die Begegnung mit dem Genius gehabt haben. Die Flügel meines Genius werden herangeschlagen haben an meine Seele.«[19]

In den 1960er-Jahren gab es einen Schlager mit dem Titel »Ohne Krimi geht die Mimi nie ins Bett«. In der Tat pflegen auch oder gerade heute viele Zeitgenossen vor dem Zubettgehen ein Buch zu lesen oder einen Film zu schauen, der sie aufwühlt. Diese Gedanken und Gefühle, die man dann mit in den Schlaf nimmt, sind gewiss nicht geeignet, um die Toten zu finden. »Dagegen Gedanken, Vorstellungen, welche hervorgehen aus dem Erfühlen eines besonderen Interesses, das uns vereinigt hat im Leben mit dem Toten, diese Gedanken sind geeignet, zum Toten hinüberzugehen. Erinnern wir uns an den Toten so, daß wir nicht bloß mit abstrakten Gedanken, mit kalten Vorstellungen an ihn denken, sondern einen Moment in unsere Seele rufen, wo wir an seiner Seite warm geworden sind, wo uns das, was er sagte, nicht nur Mitteilung war, sondern etwas Liebes war, erinnern wir uns eben derjenigen Momente, die wir mit dem Toten verbracht haben in einer Gefühlsgemeinschaft, in einer Gemeinschaft auch der Willensimpulse, erinnern wir uns solcher Momente, wo wir mit dem Toten zusammen dies oder jenes unternommen, beschlossen haben, was uns beiden wert ist, was uns beide geführt hat zu einer gemeinsamen Handlung, kurz, an irgend etwas, was die Herzen zusammenklingen ließ, machen wir dieses Zusammenklingen der Herzen lebendig, dann färbt das den Gedanken an den Toten so, daß der Gedanke zu ihm hinüberströmt im Momente des nächsten Einschlafens. Ob man diesen Gedanken um neun Uhr, um zwölf Uhr, um zwei Uhr hat, der ganze Tag kann uns irgendwelche Zeit geben, um diesen Gedanken zu haben, er bleibt und geht im Momente des Einschlafens zum Toten. Im Momente des Aufwachens können wir von dem Toten wieder Antwort, Mitteilung, Botschaften bekommen. Das braucht nicht gerade im Moment des Aufwachens, wenn man nicht darauf achten kann, an unsere Seele heranzutreten, sondern es kann im Laufe des Tages irgendwie aus unserer Seele heraufkommen in Form irgendeines Einfalles [...].«[20]

Mit etwas gutem Willen und ein wenig Übung kann es durchaus gelingen, solche Empfindungen und Gedanken während des Tages oder insbesondere vor dem Einschlafen rege zu machen. Auch das Sprechen eines Gebetes oder eines Meditationsspruches kann hier förderlich sein.

Die Toten unterrichten

Wir wollen in diesem Abschnitt auf etwas außerordentlich Fruchtbares, was wir für unsere lieben Verstorbenen leisten können, zu sprechen kommen.

In allen okkulten Lehren wird mit großem Nachdruck darauf hingewiesen, dass es zu den Aufgaben eines Menschen gehöre, sich *während* seines Erdenlebens geistige Erkenntnisse zu erwerben, um nach dem Tod die höheren Welten in rechtmäßiger Weise durchlaufen und um ein Verständnis für alles, was er dann wahrnehmen und erfahren kann, gewinnen zu können. Rudolf Steiner sagte darüber hinaus immer wieder in aller Deutlichkeit, dass es für einen Verstorbenen unmöglich oder zumindest äußerst schwierig sei, ein geistiges Wissen, das er im Erdenleben sich anzueignen versäumt habe, in den geistigen Welten nachzuholen. Auch die anderen Verstorbenen, die sich in ihrem Erdendasein ein solches Wissen ange-eignet haben, können jetzt nur einen sehr geringen Einfluss auf ihn ausüben, indem sie ihn etwa über geistige Erkenntnisse unterrich-ten.

Einen ungleich größeren Einfluss als andere entkörperte Seelen können aber die noch Lebenden, die Zurückgebliebenen auf einen Verstorbenen ausüben. Menschen, die noch auf der Erde weilen, haben aus ihrer eigenen Willkür heraus die Möglichkeit, Verände-rungen bei den Verstorbenen, mit denen sie zu gemeinsamen Leb-zeiten ein gewisses Verhältnis angeknüpft hatten, eintreten zu lassen.[21] Die Lebenden können die Toten insbesondere in gewisser Weise über geistige Erkenntnisse ›unterrichten‹!

Das kann in der Weise geschehen, dass man den Toten etwas aus geisteswissenschaftlichen Büchern – oder aber auch aus der Bibel – *vorliest.* »Sie wissen ja alle, daß derjenige, der fest drinnensteht im Erfassen der geisteswissenschaftlichen Impulse, versuchen kann, mit denjenigen in Verbindung zu bleiben, die hingegangen sind durch die Pforte des Todes. Und an den Gedanken der Geistes-wissenschaft, an den Ideen, die wir uns bilden über die Vorgänge in den geistigen Welten, haben wir solche Gedanken, die uns Erden-menschen verständlich sind, die aber auch den toten Seelen ver-ständlich sind. Und daraus ergibt sich dasjenige, was wir nennen: Vorlesen den Toten. Wenn wir gerade über Materien der Geistes-wissenschaft im Gedanken an die Toten vorlesen, dann ist das ein wirkliches Gemeinschaftsleben mit den Toten. Denn die Geistes-wissenschaft spricht eine Sprache, die den lebenden und den toten Seelen gemeinschaftlich ist. Aber es handelt sich darum, immer mehr und mehr gerade mit dem Gefühlsleben, mit dem durch-leuchteten Gefühlsleben an diese Dinge heranzukommen.«[22]

Welchen Text man sich vorzulesen entschließt, mag gar nicht einmal so wichtig sein. Natürlich ist es am besten, wenn man einen der zahllosen Vorträge Rudolf Steiners, in denen es um das nach-todliche Leben des Menschen geht, auswählt. Auch ein Vortrag, in dem er über die geistigen Wesen der höheren Hierarchien, mit denen der Mensch ja nach seinem Tod in vielfältiger Weise zusammenkommt, schildert, kann sehr förderlich sein. Das am Ende dieses Buches empfohlene Werk (☞ S. 179) mag durchaus ebenfalls eine geeignete Quelle sein. Natürlich kann man auch seinen Schutzengel oder den Schutzengel des Verstorbenen, dem man vorlesen möchte, bitten, bei der Auswahl des Textes behilflich zu sein. Wenn es gelingt, sich auf diese Bitte einzustimmen, wird man schon die richtige Wahl treffen.

Dieses Vorlesen könnte im Rahmen einer kleinen ›Andacht‹, die man für den Verstorbenen feiert, geschehen.

Es ist zunächst einmal wichtig, dass man sich durch eine gezielte Vorbereitung in die rechte Gemütsstimmung zu bringen versucht, bevor man sich an den Verstorbenen wendet. Man sollte einen Zeitpunkt wählen, der einem wirklich gestattet, sich ohne Zeitdruck und mit Muße auf den Verstorbenen einzustimmen. So sollte man sich einen Raum suchen, in dem man eine Zeit lang wirklich ungestört sein kann. Manchmal können schon wenige Minuten durchaus hinreichend sein. Auf einen Tisch könnte man etwa eine brennende Kerze und vielleicht noch ein Foto des Verstorbenen stellen. Bevor man mit der Andachts*feier* beginnt, sollte man den Verstorbenen dadurch *einladen*, dass man sich ganz auf ihn konzentriert, dass man sich ganz auf ihn einlässt. Was man tun kann, damit der Tote einen leicht finden kann, haben wir bereits erläutert (☞ S. 119f.). Im Rahmen dieses Einstimmens auf den Sphärenmenschen sollte man es dazu bringen, mit Gedanken der Liebe und Dankbarkeit zu ihm aufzuschauen. Wenn man es nicht zu einem innigen Gefühl der Dankbarkeit dafür bringt, dass man mit dem lieben Verstorbenen einige Zeit lang zusammen sein, dass man mit ihm ein gemeinsames Schicksal haben durfte, wird der Tote einen nicht so leicht finden. Man muss ganz selbstlos an das denken, was der Verstorbene vor seinem Tod für einen bedeutet hat, und nicht an das, was man durch seinen Verlust empfindet. **»Gute Gedanken sind wie Balsam für die Toten. Nicht egoistische Liebe soll man ihnen senden, nicht trauern, daß man die Toten selbst nicht mehr hat; das stört den Toten und ist für ihn wie Bleigewicht. Die Liebe, die bleibt, die nicht**

Anspruch macht darauf, den Toten noch hier haben zu wollen, die nützt dem Toten und vermehrt seine Seligkeit.«[23]

Wenn der Tote ein schwieriger Mensch war, mit dem man so seine Probleme hatte, sollte man sich dennoch bemühen, sich in seine liebenswerten Vorzüge hineinzuversetzen, die zweifelsohne jeder Mensch hat. Es ist durchaus auch möglich, dass man mehrere Verstorbene, die einem teuer waren, zu dieser Andacht einlädt. Sofern man eines Menschen gedenken möchte, der erst vor wenigen Tagen oder Wochen verstorben ist, so ist aber zu empfehlen, dass man sich dann *nur diesem* zuwendet. Wenn die Toten die liebenden Gedanken, die die Hinterbliebenen im wachen Tagesbewusstsein zu ihnen hinaufsenden, wahrnehmen, so sind ihnen diese genauso teuer wie etwa einem lieben Menschen, der in der Ferne lebt, ein Foto von uns, das wir ihm schicken, lieb und teuer ist. Das, was an solchen Gedanken und Gefühlen hinaufstrahlt, durchleuchtet ihre Welt.[24]

Nachdem man sich in der skizzierten Weise auf den Verstorbenen eingestimmt hat und bevor man mit dem Vorlesen beginnt, könnte man noch ein Vaterunser und einen Gebetsspruch sprechen.

Besonders passend mag der folgende Spruch sein:

> Geist Deiner Seele, wirkender Wächter,
> Deine Schwingen mögen bringen
> unserer Seelen bittende Liebe
> Deiner Hut vertrautem Sphärenmenschen,
> daß, mit deiner Macht geeint,
> unsere Bitte helfend strahle
> der Seele, die sie liebend sucht.[25]

Möchte man sich *gezielt* an *einen* Verstorbenen wenden, so ist die obige Fassung zu wählen. Da man aber davon ausgehen kann, dass meistens mehrere Verstorbene zugegen sind, kann man *grundsätzlich* die folgende wählen, die mehrere Sphärenmenschen einbezieht.

Geister Eurer Seelen, wirkende Wächter,
Eure Schwingen mögen bringen
unserer Seelen bittende Liebe
Eurer Hut vertrauten Sphärenmenschen,
daß, mit Eurer Macht geeint,
unsere Bitte helfend strahle
den Seelen, die sie liebend sucht.

Diesen Spruch kann man übrigens nicht nur für Verstorbene, sondern auch für Lebende zitieren. Somit kann er auch etwa für Menschen gesprochen werden, die man in ihren letzten Lebenstagen und -wochen begleiten darf oder für solche, die sich gerade aus anderem Grund in einer Krise befinden. Spricht man ihn für einen *lebenden* Menschen, muss in der vierten Zeile das Wort »*Sphären*menschen« durch das Wort »*Erden*menschen« ausgetauscht werden.

Um den Wortlaut zu verstehen, muss man sich noch einmal bewusst machen, dass jedem Erdenmenschen ein Engelwesen zugeteilt ist. Dieser Mensch ist seinem Engel anvertraut worden, in dessen Obhut er sich zeit seines Erdenlebens befindet. Auch nachdem der Mensch durch die Pforte des Todes geschritten ist und sich mehr und mehr in die Planetensphären auszudehnen beginnt, also zum »Sphärenmenschen« wird, bleibt es die Aufgabe seines Engels, ihn zu führen und zu leiten. Der Engel wird seinen ihm anvertrauten Menschen nie verlieren.

Mit diesem Spruch wendet man sich also an diesen führenden Engel des Sphärenmenschen und ersucht ihn, die Liebe und die Bitten für den Verstorbenen gewissermaßen zu ihm hinaufzutragen. Auch der eigene Engel kann dabei behilflich sein. Es kann hilfreich sein, wenn man sich den Engel vorher ganz konkret vorzustellen versucht. Auf die Frage, wie man sich eigentlich einen Engel vorzustellen habe, antwortete Rudolf Steiner einmal ganz lapidar: **»Tun Sie es einfach! Er wird es schon korrigieren, wenn es fehlerhaft ist.«**[26] Dieser Spruch eignet sich auch insbesondere, um bestimmte Fürbitten, Gebete, Gedanken oder dergleichen, die man dem Verstorbenen senden möchte, einzuleiten.

Wenn man sich ganz gezielt an einen bestimmten Verstorbenen wenden möchte, so kann auch der folgende Spruch empfohlen werden:

> Ich versenke mich in die tiefsten Seelenkräfte in mir,
> Da lebe ich fühlend in dem Ewigen meiner Seele.
> Wie der Punkt ohne Ausdehnung in dem Kreise,
> So ist die ewige Seele ohne leibliches Wesen in mir.
> Mit diesem leiblosen ewigen Wesen gedenke ich
> helfend im Geiste <u>N.N.</u> *.
> Die Kraft, du selbst zu sein, erstarke in dir.
> Das Licht, das in deinem eigenen Inneren leuchtet,
> belebe sich in dir.
> Die Seelenwärme, die aus deinem eigenen Geiste strahlt,
> durchwärme dich.[27]

* Hier wird der Name des Sphären- oder Erdenmenschen genannt, dem man mit diesem Spruch helfen möchte.

Auch dieser Spruch eignet sich also, um noch lebenden Menschen Hilfe zuteil werden zu lassen.

Nach der Vorbereitung und dem Zitieren eines der beiden Sprüche, wofür meistens schon wenige Minuten ausreichend sind, kann mit dem Vorlesen begonnen werden. Ob man nun laut, leise oder still liest, ist völlig unerheblich. Wichtig ist, dass man nicht gedankenlos liest, sondern dass man alle Sätze selbst durchdenkt und vielleicht noch mit entsprechenden Gefühlen durchpulst. Man kann sich ruhig vorstellen, der Tote sitze einem dabei gegenüber. Die Verstorbenen können das Vorgelesene verstehen. »Wenn Sie hier einem sogenannten Lebenden vorlesen, so wissen Sie, der versteht in dem Sinne, wie man vom menschlichen Verständnisse spricht, dasjenige, was Sie ihm vorlesen. Der Tote lebt darinnen, der Tote lebt in jedem Wort, das Sie ihm vorlesen, der Tote dringt ein in dasjenige, was durch Ihr eigenes Gemüt zieht. Der Tote lebt mit Ihnen, er lebt intensiver mit Ihnen, als er jemals in dem Leben zwischen der Geburt und dem Tode hat leben können. [...] Tritt der Mensch wirklich bewußt in jenes Reich, das wir mit den Toten gemeinschaftlich bewohnen, dann ist der Verkehr mit den Toten so: Wenn Sie dem Toten zum Beispiel vorlesen oder vorsprechen, so hören Sie von ihm wie von einem Geisterecho das, was Sie selber vorlesen.«[28]

Einer solchen ›Sitzung‹ werden sich auch viele andere Tote, die man möglicherweise gar nicht einmal kennt, anschließen und das Gehörte, das ihnen zu einem Lebenselixier werden kann, dankbar und geradezu begierig aufsaugen.

Zum Abschluss könnte man vielleicht noch den Spruch **»Es empfangen Angeloi, Archangeloi, Archai, ...«** (☞ S. 124) sprechen.

Genau wie viele Lebende neigen auch viele Verstorbene dazu, sich an andere Menschen zu ›klammern‹. Wenn jemand sehr sensitiv ist, kann er es regelrecht spüren, wenn ein Toter nicht loslassen kann und einen zu häufigen Kontakt haben möchte. Das kann sehr belastend sein. Daher ist es, nachdem man die Andacht beendet hat, sehr empfehlenswert, wenn man sich mit dem Verstorbenen wieder ›verabredet‹, indem man ihm etwa sagt, morgen um die gleiche Zeit oder nächsten Samstag um 19 Uhr werde ich mich dir wieder mit ganzer Kraft und Liebe zuwenden. Auch mit einem Toten kann man solche Vereinbarungen treffen, obwohl in seiner Welt andere Zeitverhältnisse gelten.

Einige Menschen, die häufiger in der hier skizzierten Weise ihrer lieben Verstorbenen gedenken, berichten, dass sie die Anwesenheit der gestorbenen Menschen fast körperlich spüren könnten. Es sei so, wie wenn sie ihnen wirklich gegenübersäßen. Wenn man dieses Gefühl nicht gewinnen sollte, so ist das aber keineswegs als Indiz dafür zu werten, dass man die Toten nicht erreicht hätte. Die Praxis einer solchen Andacht kann man durchaus sehr lange beibehalten, mindestens so lange, wie sich der Verstorbene noch im Kamaloka aufhält, was ja nach irdischen Zeitmaßstäben etwa einem Drittel seiner Lebenszeit entspricht.

Man sollte nicht etwa glauben, dass man den Toten durch eine solche Andachtsfeier zur Teilnahme *zwingt*. Wenn er dieser Zuwen-

dung nicht bedarf – was im Allgemeinen aber eher unwahrschein-
lich ist –, wird er einfach nicht teilnehmen.

Es gibt ja zahlreiche Menschen, die in ihrem Oberbewusstsein eine
starke Abneigung gegen alle spirituellen Themen und Bestrebungen
haben. Viele von ihnen machen keinen Hehl daraus, indem sie alles
Geistige als Unfug und spirituell interessierte Zeitgenossen als
Spinner bezeichnen. Rudolf Steiner sagte mehrmals, dass es sich
häufig so verhalte, dass dasjenige, was sich als starke Abneigung im
Oberbewusstsein zeige, eine starke Neigung im Unterbewusstsein
sei.[29] Diese Menschen haben also in ihren Seelentiefen eine starke
Sehnsucht nach spirituellen Erkenntnissen. Ihr Ich weiß von diesem
Wunsche nichts. Nach dem Tod tritt ihnen nun aber nicht nur das
vor ihr Seelenauge, was ihnen im Erdenleben bewusst geworden ist,
sondern auch alles, was sie mit ihrem Tagesbewusstsein niemals
beleuchten konnten. Nun wird ihnen also ihre große Sehnsucht, die
sie nach spirituellen Erkenntnissen hatten, voll bewusst und brand-
aktuell. Diese Sehnsucht können sie nicht so ohne weiteres stillen.
Die Unmöglichkeit, diese Sehnsucht zu stillen, kann sehr qualvoll
werden. Jetzt kann es für sie zu einem großen Labsal werden, wenn
sie sich einer Sitzung anschließen können, in der den Toten von
einem Lebenden aus geisteswissenschaftlichen Büchern in der geschilderten Weise vorgelesen wird. Man sollte also *nicht* etwa
denken: »Dieser oder jener Tote hat sich im Erdenleben nie für
spirituelle, geschweige denn anthroposophische Themen interessiert. Folglich wird ihn das jetzt auch nicht interessieren.«

Dieses Vorlesen kann selbstverständlich auch für solche Dahinge-
schiedene fruchtbar sein, die sich im Erdenleben schon intensiv mit
spirituellen Themen befasst haben. Viele Menschen, die sich der
Anthroposophie verpflichtet fühlen, treffen sich regelmäßig zu
Lesekreisen, in denen Vorträge von Rudolf Steiner gelesen und in
einem anschließenden Gespräch bewegt werden. Hier ist es absolut
üblich, dass sie vorher ihre verstorbenen Freunde dazu explizit
einladen.

Zu dem hier skizzierten Vorlesen gibt es noch eine Alternative. So könnte man einem oder mehreren Verstorbenen auch von eigenen Erkenntnissen, die man sich selbst – im Idealfall durch das Studium der anthroposophischen Literatur – angeeignet hat, *erzählen*. Man könnte ihnen also gewissermaßen einen Vortrag halten. **»Man kann ihm auch seine eigenen Gedanken, die man in sich aufgenommen hat, zutragen; immer sich das Bild des Toten recht lebhaft vorstellend. Wir dürfen nicht geizen mit dieser Sache; dadurch überbrücken wir den Abgrund, der uns von unseren Toten trennt. Nicht nur in den extremsten Fällen, sondern in jedem Fall können wir den Toten Gutes tun. Das ist ein tröstliches Gefühl, das den Schmerz lindern kann über das Ableben eines Menschen, den man liebt.«**[30]

Das Vortragen als Alternative zum Vorlesen mag den Nachteil haben, dass es vielleicht nicht immer gelingt, alles objektiv und ganz korrekt darzustellen. Dafür hat es den großen Vorteil, dass man, wenn man etwas mit eigenen Worten vermittelt, zwangsläufig das Thema mehr durchdenken muss, wodurch der Verstorbene es besser verstehen kann. Dieses Erzählen bzw. Vortragen kann man natürlich auch wieder daheim im ›stillen Kämmerlein‹ machen. Man könnte es allerdings auch während eines Spazierganges in einer Umgebung, die wenig Ablenkung bietet, etwa in einem Wald, einem Park oder auf einem Friedhof durchführen.

Wie wichtig dieses Vorlesen oder Vortragen für die Sphärenmenschen ist, kann man schon daraus ableiten, dass Rudolf Steiner in sehr vielen Vorträgen darüber sprach.

Begleitung Verstorbener in *speziellen* Fällen

Alle bisher geschilderten Möglichkeiten, einem Sphärenmenschen wertvolle Unterstützung angedeihen zu lassen, können als allgemeingültig betrachtet werden. Sie können allen Toten zur Wohltat werden.

Es gibt allerdings auch Verstorbene, die aufgrund der Art und Weise, wie sie ihr Erdenleben gestaltet haben, wie sie dieses verlassen haben oder wegen einer speziellen Situation darüber hinaus noch weiterer Hilfen bedürfen.

Begleitung erdgebundener Seelen

Im Kapitel *»Der 4. Irrtum«* wurde gesagt, dass es in unserem heutigen materialistischen Zeitalter vielen Verstorbenen nicht gelingt, sich in die höheren Welten einzuleben. Sie wollen mit der Welt, in der sie jetzt sind, nichts zu tun haben. Am liebsten würden sie sich wieder mit ihrem Leichnam verbinden. Dieses schlimme Schicksal droht *insbesondere* solchen Seelen, die sich in ihrem Erdenleben niemals mit spirituellen Themen befasst hatten und die somit auch ein Leben nach dem Tod für einen Unsinn hielten, an den sie keinen Gedanken verschwendeten.

Natürlich wäre es eine Anmaßung, wenn wir das Urteil fällen würden:»Dieser Tote war ein krasser Materialist. Er wird jetzt eine erdgebundene Seele sein und zerstörerisch auf die Erdensphäre wirken.« Dennoch darf als sicher angenommen werden, dass sich ein solcher Verstorbener, der in seinem irdischen Dasein alle geistigen Gedanken von sich gewiesen hat, in der ersten Zeit nach seinem Schwellenübertritt schwertun wird, in der Seelenwelt zurechtzukommen. Er wird vieles von dem, was nun auf ihn einströmt, nicht verstehen können. Er kann nicht realisieren, dass er jetzt auf einer ganz anderen Daseinsstufe, die er zu Lebzeiten niemals für möglich gehalten hat, angekommen ist. Das kann zu einer gewaltigen Verunsicherung bis hin zu quälenden Angstzuständen führen.

Diesen Verstorbenen können die Hinterbliebenen durch besonders häufige liebevolle Hinwendung in Gedanken und Gebeten und durch Vorlesen geisteswissenschaftlicher Bücher zur Erlösung aus dieser Sphäre verhelfen.

Es gibt jedoch auch Seelen, die keineswegs eine materialistische Gesinnung hatten und sich trotzdem aus unterschiedlichen Gründen in den höheren Welten nicht so recht eingewöhnen können. Hier ist zunächst an Drogensüchtige und Selbstmörder (☞ S. 142ff.) zu denken. Auch Menschen, die sich völlig falsche oder zu naive

Vorstellungen über das nachtodliche Leben gebildet haben, werden möglicherweise geraume Zeit benötigen, bis ihre falschen Vorstellungen durch die Wirklichkeit, die sie jetzt erleben, korrigiert worden sind. Dann gibt es etliche Menschen, die in den letzten Tagen und Wochen vor ihrem Tod starke bewusstseinsdämpfende Medikamente eingenommen oder über lange Zeit – mehr schlafend als wachend – ans Bett gefesselt waren.

Die Geistesseherin Dr. *Iris Paxino* weist darauf hin, dass es in einem solchen Fall ungeheuer wichtig sei, dass die Hinterbliebenen dem Verstorbenen unmittelbar nach seinem Tod ›sagen‹, dass er die physische Welt verlassen hat. Dies kann in einem inneren Zwiegespräch erfolgen, etwa mit den Worten: *»Du bist jetzt gestorben. Du kannst von deinem Leib loslassen und dich frei fühlen, ohne Schmerzen und ohne körperliche Einschränkung. Schau dich um und du wirst andere, geistige Gestalten wahrnehmen...«*[31]

Begleitung von Selbstmördern

Ein Suizid stellt die dramatischste Ausprägung eines gewaltsamen Todes dar. Das, was ein Mensch nach seinem Tod in der Seelenwelt durchzumachen hat, der sich selbst das Leben genommen hat, gehört zu den schlimmsten und härtesten Schicksalen, die eine Seele in den höheren Welten ertragen muss. Man muss hier allerdings diejenigen Menschen weitgehend ausnehmen, die diese Tat nicht in voller Bewusstheit und aus eigenem Willen begangen haben, weil sie etwa an einer schweren psychischen Krankheit litten oder weil sie mit Gewalt zum Selbstmord gezwungen wurden.

Bei einem Menschen, der selbst Hand an sich gelegt hat, der im Grunde sowohl Täter als auch Opfer ist, stellt sich die Loslösung des Astralleibes, der nicht darauf vorbereitet ist, außerhalb des physischen Leibes zu leben, sehr dramatisch dar. Das Gleiche gilt wohl auch für Menschen, die durch »aktive Sterbehilfe« durch die Pforte des Todes gegangen sind, sofern es ihr eigener, freier Entschluss war, auf diese Art zu sterben.

Der Astralleib reißt sich unter Schmerzen von der physischen Organisation los. Das Gefühl der Leere und des brennenden Durstes kann bei einem, der sich selbst das Leben genommen hat, besonders schrecklich sein. Ein solcher Mensch hat auf abruptem, künstlichem Weg seinen physischen Leib verlassen. In der Seele verbleiben noch alle Gefühle, die mit dem Leib zusammenhängen, in unveränderter Weise. Eine solche Seele wird im Kamaloka das Gefühl, wie ausgehöhlt zu sein, noch viel drastischer und qualvoller erleben. Wenn ein psychisch unauffälliger Mensch Hand an sich legt, so hat er dafür ja Gründe, die er für hinreichend hält, um eine solche Tat zu begehen. In vielen Fällen begeht er die Tat, weil er gewisse Wünsche, Triebe oder Begierden nicht befriedigen konnte. Diese unbefriedigten Wünsche, Triebe und Begierden bereiten der Seele nun noch zusätzliche Qualen.[32]

Jeder Selbstmord ist immer ein erschütterndes Missverständnis. Schließlich kann man sein Selbst, sein Ich, nicht umbringen. Das, was man töten kann, ist lediglich der physische Leib. Genau nach diesem Leib hat ein Selbstmörder nach dem Tod eine unsägliche Gier, die ihn in der Nähe der physischen Welt festhält. Er kann zu einer erdgebundenen Seele werden. Der auf diese Weise Verstorbene wird sich lange Zeit schwer tun, zu einem angemessenen Ich-Bewusstsein zu finden und sich alle nötigen Kräfte und Weisheiten, welche die geistigen Wesen der höheren Hierarchien ihm darbieten wollen, zu empfangen.

Das, was Rudolf Steiner aus seiner Geistesschau heraus über das Schicksal eines Selbstmörders sagte, klingt äußerst hart. Man darf aber wohl annehmen, dass in einem solchen Fall etwas differenziert werden darf. Es dürfte zunächst einmal nachvollziehbar sein, dass jemand, der sich das Leben genommen hat, in der ersten Zeit nach dem Tod und in der gesamten Kamalokazeit aus den geschilderten Gründen unsagbar Leid- und Qualvolles durchzumachen hat. Bei einem Menschen, der in seinem Leben vor dieser schrecklichen Tat sehr viele positive Akzente gesetzt haben sollte, der sich etwa sehr um das Wohl seiner Mitmenschen gekümmert hat, ist aber durchaus anzunehmen, dass er doch irgendwann zu einem rechtmäßigen Leben finden und sich die notwendigen Kräfte, Impulse und Weisheiten aneignen kann. Schließlich geht im Kosmos nichts verloren, so dass auch seine guten Taten wieder in segensreicher Weise auf ihn zurückwirken dürften.

Menschen, die sich selbst getötet haben, verdienen unser größtes und aufrichtigstes Mitgefühl und unseren Beistand. Es gehörte zu den größten Verirrungen der Kirche, dass sie diesen noch bis weit ins letzte Jahrhundert hinein nicht einmal ein kirchliches Begräbnis gewährten.

Ein Mensch, der Suizid begangen hat, bedarf besonders häufig der liebevollen Zuwendung seiner Hinterbliebenen. Neben Gebeten sind hier zwei Sprüche zu empfehlen, die Rudolf Steiner speziell für die Begleitung von Selbstmördern gab.

> **Dein Wille war schwach**
> **Stärke Deinen Willen**
> **Ich schicke Dir**
> **Wärme für Deine Kälte**
> **Ich schicke Dir**
> **Licht für Deine Finsternis**
> **Meine Liebe Dir**
> **Mein Gedanke Dir**
> **Werde weiter.**[33]

> **Seele im Seelenlande**
> **suche des Christus Gnade,**
> **die dir die Hilfe bringet,**
> **die Hilfe aus Geisterlanden,**
> **die auch jenen Geistern Friede**
> **verleiht, die im friedelosen**
> **Erleben verzweifeln wollen.**[33]

Den Verstorbenen die Sorgen abnehmen

Es kann auch noch gänzlich andere Gründe dafür geben, dass sich ein Verstorbener nach seinem Übergang nicht von der Erdenwelt lösen kann. Es ist nämlich durchaus möglich, dass er sich noch nicht so recht auf sein neues Dasein einlassen kann, weil ihn noch gewisse Sorgen ans Erdenleben ketten.

So könnte es etwa sein, dass er sich große Sorgen um seine hinterbliebenen Familienmitglieder macht. Möglicherweise musste er unmündige Kinder oder einen kranken oder behinderten Ehepartner zurücklassen. Die Sorgen um seine Lieben, wie es mit ihnen weitergeht, wer sich um sie kümmert, kann ihm seine jetzige Daseinsstufe verfinstern. »Es braucht nicht einmal immer daran gedacht zu werden, daß solche Seelen durch ganz unedle Motive, obwohl das meist der Fall ist, an die Erde gebunden bleiben; es können auch Sorgen sein, welche für das empfunden werden, was man auf der Erde zurückgelassen hat. Solche Sorgen für zurückgelassene Freunde, Verwandte, Kinder, können auch in gewisser Weise wie eine Art Schwere wirken und die Seele in der Erdensphäre zurückhalten.«[34]

Diese Sorgen können und sollten die Hinterbliebenen, die dem Verstorbenen nahestehen, ihm in den Fällen, in denen es möglich ist, abnehmen, um ihn so von diesen zu befreien. »Und es ist gut, gerade auch auf diesen Punkt das Augenmerk zu lenken, aus dem Grunde nämlich, weil wir, wenn wir diesen Punkt berücksichtigen, auch dadurch den Toten in einer gewissen Weise helfen können. Wenn wir wissen, daß zum Beispiel ein Hingestorbener diese oder jene Sorge für Lebende empfinden kann – und man kann ja in dieser Beziehung gar manches wissen –, so ist es gut für die weitere Entwickelung des Toten, diese Sorge ihm abzunehmen. Man erleichtert das Leben eines Toten in der Tat dadurch, daß man ihm zum Beispiel abnimmt die Sorge um ein Kind, das er unversorgt zurückgelassen hat. Wenn man also etwas tut für das Kind, so nimmt man in der Tat dem Toten eine Sorge ab, und es ist dies gerade ein rechter Liebesdienst. Denn stellen wir uns nur einmal die Situation vor. Solch ein Toter hat ja nicht die Mittel an der Hand, seinen

Sorgen auch tatsächlich abzuhelfen; er kann oftmals nicht das tun, was die Lage irgendeines zurückgelassenen Kindes, Verwandten, Freundes, erleichtern könnte von seiner Welt aus, und er ist oftmals – das ist ein in vielen Fällen außerordentlich bedrückendes Gefühl für den seherischen Beobachter – verurteilt, diese Sorge so lange zu tragen, bis sich von selbst oder durch Umstände die Lage des Zurückgelassenen bessert. Wenn wir also etwas dazu tun, sie zu bessern, so ist die Folge diese, daß wir dem Toten einen rechten Liebesdienst erwiesen haben.«[35]

Auch solche verstorbenen Menschen, die sich im Leben noch wichtige Aufgaben vorgenommen hatten, die sie aber nicht mehr erfüllen konnten, tun sich häufig schwer, sich in der rechten Weise in den höheren Welten einzuleben. Sie haben die Sorge, dass diese Arbeiten oder Aufgaben unvollendet bleiben könnten. »Es ist oftmals sogar beobachtet worden, daß irgendeine Persönlichkeit hingestorben ist, die sich das oder jenes für das Leben noch vorgenommen hatte. Sie hing an einem solchen Vorsatz. Wir helfen ihr, wenn wir versuchen, unsererseits das zu tun, was sie gerne getan hätte. Das alles sind Dinge, die eigentlich gar nicht schwierig zu begreifen sind, die aber wirklich einmal ins Auge gefaßt werden sollen, weil sie mit der seherischen Beobachtung durchaus übereinstimmen.«[36]

Es ist oftmals durchaus möglich, dass ein hinterbliebener Angehöriger oder Freund, diese Aufgabe, die dem Toten wichtig war und die er nicht mehr zu Ende bringen konnte, zu vollenden. Es sei hier nur ein konkretes Beispiel angeführt, das gar nicht so selten vorkommt. Stellen Sie sich einen Menschen vor, der vielleicht schon viele Jahre vor seinem Tod damit begonnen hatte, ein Buch, das ihm sehr wichtig war, zu schreiben. Er konnte es aber nicht mehr ganz fertig stellen und veröffentlichen. Viele Notizen konnte er nicht mehr in sein Werk aufnehmen. Vielleicht handelte es sich um eine Biografie über einen berühmten Menschen oder um eigene Lebenserinnerungen an diese Persönlichkeit. Nun könnte es für den Dahingestorbenen sehr wohltuend sein, wenn ein Verwandter oder Freund oder auch ein anderer Mensch sich dieser Notizen annehmen und sie in das Buch einbauen würde, so dass es schließlich zu einer Veröffentlichung kommen kann.

Freilich gibt es ungleich banalere Aufgaben, die der Sphären-mensch nicht mehr erfüllen konnte und die nun ein Hinterbliebener zum Abschluss bringen kann.

Schlusswort

E s ist wirklich eine Tragik unserer Zeit, dass die weitaus meisten Menschen nicht wissen, wie sie eine Art Gemeinschaft mit ihren lieben Verstorbenen pflegen können. Sie wissen nicht, dass es etliche Möglichkeiten gibt, den Sphärenmenschen zu helfen und ihnen zahlreiche Wohltaten zu erweisen, derer sie so dringend bedürfen und nach denen sie geradezu lechzen. Sie wissen es nicht, weil sie sich sträuben, Erkenntnisse über das Leben der sogenannten Toten, wie sie in diesem Buch zu geben versucht wurden, zu erwerben.

Ein Mensch, der sich nie damit befasst hat, wie man sich das Leben nach dem Tod vorstellen kann, beraubt sich nicht nur der Chance, die Verstorbenen auf ihrem Weg zu unterstützen, sondern er wird sich nach seinem eigenen Tod schwer tun, sich in den übersinnlichen Welten zurechtzufinden.

Es gibt – wie wir schon kurz erwähnt haben – immer noch sehr viele Menschen, die zwar einerseits von einem Leben nach dem Tod überzeugt sind, die aber andererseits die Meinung vertreten, es sei nicht notwendig, sich schon zu Lebzeiten darauf vorzubereiten, sich zumindest ein wenig damit zu befassen, was da so alles auf sie zukommen werde.

Die einen sagen, da könne man ohnehin nichts Genaues wissen; andere vertreten die Ansicht: »Wenn ich gestorben bin, werde ich schon sehen, wie es da so ist.« Wiederum andere lassen sich durch schöngefärbte Darstellungen, die ihr Gemüt befriedigen, in eine schwärmerische und unkritische Vorfreude versetzen. Ein ganz wesentlicher Grund für dieses Dilemma sind die Lehren und Ansichten der Kirche, auf die sich immer noch viele Zeitgenossen stützen. Wie wir bereits gesehen haben, können die beiden großen christlichen Kirchen einerseits nahezu nichts über das Leben nach dem Tod aussagen, andererseits streiten sie die Notwendigkeit, dass sich jeder Mensch mit ringender Seele selbst um geisteswissenschaftliche Erkenntnisse bemühen muss, heftig ab.

In den Medien kann man immer wieder kirchliche ›Würdenträger‹ vernehmen, die auf ihre Vorstellungen über das Leben nach dem Tod angesprochen sagen, man könne da nichts Verlässliches wissen und solle sich ganz auf die Gnade und Güte Gottes verlassen. So wird etwa der ehemalige Hamburger Weihbischof, Dr. *Hans-Jochen Jaschke*, in Deutschlands größtem Boulevardblatt zu der Frage nach dem nachtodlichen Leben wie folgt zitiert: *»Wir sollen nicht neugierig sein. Wenn einer zuviel über das Leben nach dem Tod wissen will, müssen wir sehr kritisch bleiben. Wer sich auf Visionen und Träume von Himmel und Hölle, von Peinigungen im Fegefeuer beruft, verdient kein Gehör.«*[1] Schließlich appelliert er noch daran, dass man sich an das *Glaubens*bekenntnis der (katholischen) Kirche halten solle. Viel deutlicher kann man wohl nicht zum Ausdruck bringen, dass die katholische Kirche bestrebt ist, alle Bemühungen um Erkenntnisse im Keime zu ersticken!

Vielleicht ist es ja in diesem Buch ein wenig gelungen, deutlich zu machen, dass man insbesondere dank der Anthroposophie Rudolf Steiners sehr wohl ungeheuer vieles von dem, was uns nach dem Tod erwartet, *wissen* kann.

Die Einstellung, man würde schon früh genug sehen, wie es ›da‹ so sei, ist genauso absurd wie wenn jemand, der eine Himalaya- oder gar eine Mondexpedition plant, sich nicht darauf vorbereiten und sagen würde: »Wenn ich am Ziel meiner Expedition angekommen bin, werde ich schon sehen, wie es da so ist!«

Man sollte sich unbedingt von der Vorstellung lösen, dass man nach dem Tod fast zwangsläufig alles richtig erkennen, beurteilen und einordnen könnte. Stellen Sie sich ein fiktives, mit Intelligenz begabtes außerirdisches physisches Wesen vor. Wenn dieses plötzlich auf die Erde versetzt würde, so hätte es doch wohl auch die allergrößten Schwierigkeiten, dasjenige, was es dort wahrnehmen könnte, zu verstehen, einzuordnen und zu bewerten. Wie sollte es da einem Menschen leicht fallen, die geistigen Welten, die ja ungleich komplexer als alles Physische sind, zu verstehen? Das, was der Mensch jenseits der Todespforte erleben kann, ist so außerordentlich, so überraschend anders als alles, was er aus seinem Erdenleben kannte.

Man kann in die übersinnlichen Welten nichts hereintragen, was nicht bereits im Erdenleben angeknüpft wurde. Rudolf Steiner wurde nie müde, auf die Notwendigkeit hinzuweisen, dass die Menschen sich schon in ihrem Erdendasein gewisse Erkenntnisse sowie richtige Vorstellungen und Begriffe für die übersinnlichen Welten erwerben müssen. **»Die Sinne, die wir für das Geistige ausgebildet haben, hängen von dem Leben auf dieser Erde ab. Hier reifen wir aus für das Jenseits, hier bereiten wir uns die geistigen Augen und Ohren für das Jenseits.«**[2] Wenn wir es verschmähen, solche Vorstellungen und Begriffe aufzunehmen, wird uns vieles von dem, was sich in den höheren Welten abspielt, unverständlich bleiben müssen. Auch zu den Wesen der höheren Hierarchien (☞ Anhang, Tabelle 2, S. 162ff.) könnten wir uns dann nicht in das rechte Verhältnis setzen, das erforderlich ist, um von ihnen die notwendigen Kräfte und Impulse für unsere nächste Inkarnation empfangen zu können.[3] Die geistigen Welten würden uns weitgehend verhüllt bleiben. Nun sollte man nicht sagen: »Was ich (nach dem Tod) nicht weiß, macht mich nicht heiß.« Zum einen kann ein schwaches Bewusstsein nach dem Tod zu grausamen Angstzuständen führen, und zum anderen können wir dann nicht in der rechtmäßigen Weise unser nächstes Erdenleben vorbereiten.

Das Leben jeder menschlichen Individualität umschließt nicht nur alle Erdenleben, sondern auch die jeweiligen Aufenthalte in den höheren Welten, die zwischen zwei irdischen Leben verlaufen. Somit ist auch jedes Erdenleben nicht nur eine Vorbereitung für das nächste irdische Leben, sondern in erster Linie auch eine Vorbereitung für das folgende Leben in den übersinnlichen Welten. In jedem Leben kann man nur an das anknüpfen, was man im Leben zuvor veranlagt hat.

Nun zeigt sich das bereits angedeutete Problem: Ein hinreichendes Verständnis für die Wesenheiten und Geschehnisse der geistigen Welten kann man im Leben nach dem Tod eigentlich nur dann gewinnen, wenn man sich zu seinen Lebzeiten schon darum bemüht hat. Einem Menschen, der in seinem Erdenleben ein krasser Materialist war, der also geistige Welten und Wesen sowie ein Leben nach dem Tod für einen Unsinn gehalten hat, werden die höheren Welten für lange Zeit weitgehend finster und stumm bleiben. Es wird dann nicht etwa so sein, dass er sich seiner Existenz nicht bewusst wäre, aber er kann vieles, was dort geschieht, nicht wahrnehmen und das wenige, was er wahrnimmt, nicht verstehen und einordnen. Diese gewaltige Verunsicherung kann quälende Ängste nach sich ziehen. Auch ein Mensch, der zwar von einem Leben nach dem Tod überzeugt ist, diesem aber im vorhinein keinen gedanklichen Raum gegeben hat, wird vielleicht die Geschehnisse wahrnehmen, aber überhaupt nicht verstehen können. Wenn sich etwa ein Mensch niemals bemüht hat, über die Wesenheiten der höheren Hierarchien, namentlich über seinen persönlichen Engel, zu gewissen Vorstellungen zu kommen, wird er diese göttlichen Wesen nach dem Tod zwar wahrnehmen, aber er wird nicht wissen, um welche Wesenheit es sich handelt, und die große Bedeutung, die sie für ihn haben, nicht erkennen können.

Die weitaus meisten Menschen werden nach dem Tod sowohl wunderschöne und erhabene Erlebnisse als auch leidvolle haben. Wir sollten unsere mögliche Furcht vor dem Tod nicht dadurch besiegen, dass wir das nachtodliche Leben zu beschönigen versuchen. Die Furcht können wir nur dadurch überwinden, dass wir uns so gut wie eben möglich klarzumachen versuchen, was uns nach dem Tod in Abhängigkeit davon, wie wir unser Leben gestaltet haben, ganz folgerichtig und gesetzmäßig erwarten wird. Jemand, der sich zu Lebzeiten nicht um die Erkenntnis spiritueller Wahrheiten bemüht hat, darf natürlich nicht damit rechnen, einen ›Unwissenheits-Bonus‹ zu erhalten. Wenn dieser mit der Begründung, er habe sich nie mit den Kräften der Schwerkraft usw. befasst, von einem Hochhaus springt, darf er wohl auch kaum damit rechnen, den Sturz unbeschadet zu überstehen, weil er die Folgen nicht geahnt hätte. Die geistigen Gesetzmäßigkeiten sind genauso unbestechlich wie die der Physik.

Lassen wir wieder den großen Eingeweihten Rudolf Steiner zu Wort kommen: »Es gehört geradezu zu den notwendigen Vorbedingungen eines rechten Lebens nach dem Tode, daß die Menschen immer mehr und mehr hier vor dem Tode gewisse Vorstellungen sich erwerben über das Leben nach dem Tode, denn nur, wenn sie sich erinnern an diese Vorstellungen, die sie sich hier erworben haben, können sie sich orientieren in der Zeit zwischen dem Tod und einer neuen Geburt. Es ist sachlich unrichtig, wenn behauptet wird, man könne warten bis zum Tode mit solchen Vorstellungen, denn dieses leibfreie Leben würde für sie ein finsteres werden, ein unorientiertes werden.«[4] »Wäre der Christus nicht in der physischen Welt erschienen, so würde der Mensch versinken in der physischen Welt, könnte nicht in die geistige Welt eintreten. So aber wird er hinaufgehoben durch den Christus in die geistige Welt, daß er darinnen bewußt wird, darinnen sehen kann. Das hängt davon ab, daß er sich auch zu verbinden weiß mit dem, den der Christus gesandt hat, mit dem Geist; sonst ist er unbewußt. Der Mensch muß sich seine Unsterblichkeit erwerben, denn eine Unsterblichkeit, die unbewußt ist, ist noch keine Unsterblichkeit.«[5]

Ein Mensch, der sich zu seinen Lebzeiten bemüht hat und ernsthaft bestrebt war, die richtigen Begriffe und die richtigen Vorstellungen von dem, was er nach dem Tod erleben kann, zu erwerben, wird sich, wenn er durch die Pforte des Todes gegangen ist, dessen erinnern und kann dann seine Erlebnisse – zumindest weitgehend – richtig einordnen. Es kommt gar nicht einmal so sehr darauf an, dass die Vorstellungen, die man sich im Vorhinein bildet, *völlig* mit den tatsächlichen Verhältnissen übereinstimmen. Die Vorstellungen, die nicht ganz den Tatsachen entsprechen, werden sich nach dem Tod gewissermaßen von selbst korrigieren.

Als vergleichendes Beispiel kann man hier vielleicht an eine Reisevorbereitung denken. Wenn ein Mensch plant, ein fernes, exotisches, ihm unbekanntes Land zu bereisen, so wird er sich auf diese Reise über Monate gezielt vorbereiten. Er wird Reiseführer lesen, im Internet recherchieren und vielleicht auch noch mit Menschen sprechen, die dieses Land bereits kennen. Auf diese Art und Weise ist es ihm durchaus möglich, schon vor Reiseantritt recht genaue Vorstellungen über das ferne Land zu gewinnen. Wenn er dann dort angekommen ist, so wird seine sorgfältige Vorbereitung ihm helfen, sich orientieren und einleben zu können. Alles, was er dann wahrnehmen und erleben wird, kann er mit seinen Vorstellungen vergleichen, die er sich vorher gebildet hat. In den meisten Fällen wird er seine Wahrnehmungen und Erlebnisse nun richtig einordnen können, weil sie sich mit diesen Vorstellungen decken. In einigen Fällen wird sich erweisen, dass die eine oder andere Vorstellung nicht ganz mit dem übereinstimmt, was er nun real erfährt. Diese Vorstellung korrigiert sich nun durch die konkrete Erfahrung aber von selbst.

Wenn man die »Lazarus-Erzählung« betrachtet, wird ebenfalls deutlich, dass eine gewisse Kenntnis der höheren Welten, die man zu Lebzeiten gewinnen kann, von großer Bedeutung ist. Der reiche Mann wünscht, dass Lazarus zu seinen Brüdern gesendet wird, damit er ihnen von den entsetzlichen Qualen berichten kann, die er jetzt im Kamaloka ertragen muss. Der reiche Mann ist sich darüber im Klaren, dass seine Brüder – genau wie er vor seinem Tod selbst – nicht wissen, was sie in Abhängigkeit von ihrer irdischen Lebensführung in der Seelenwelt erwartet. Das möchte er ändern. Er möchte, dass sie Kunde von der Seelenwelt bekommen, damit sie ihr Leben ändern können, um später nicht auch so schreckliche Erfahrungen machen zu müssen. Abraham weist diese Bitte ab, indem er darauf verweist, dass die Lebenden Moses und die Propheten hätten. Das ist ja wohl so zu verstehen, dass die noch Lebenden sich das notwendige Wissen durch die Lehren großer Eingeweihter aneignen sollten.

Bereits *Platon* war diese Notwendigkeit bekannt: »*Wer sich der Lust hingibt, der wird auch nur sterbliche Gedanken haben. Wer aber aus Liebe zur Wahrheit bestrebt ist, Unsterbliches und Göttliches zu denken, der wird zur Unsterblichkeit gelangen, und er wird die höchste Glückseligkeit erreichen, weil er das Göttliche in sich gepflegt und in seiner Seele getragen hat.*«

Das Wissen darüber, dass wir nach dem Tod auch Schlimmes erleben können, sollte uns nicht erschrecken oder gar dazu führen, es zu verdrängen. Es sollte uns vielmehr anspornen, unser jetziges Erdenleben in der richtigen Weise einzurichten und uns um die notwendigen Erkenntnisse strebend zu bemühen.

Das Licht für die höheren Welten müssen wir in unserem Erdenleben entzünden!

Anhang

Wer ist Rudolf Steiner?

Rudolf Steiner wurde am 27. Februar 1861 in Kraljevec (damals Österreich-Ungarn) geboren. Schon in seiner Kindheit, die er an verschiedenen Orten Österreichs verbrachte, erlebte er, dass sich ihm eine übersinnliche Welt eröffnete, die, wie er bald erkennen musste, für alle anderen Menschen aus seinem Umfeld nicht vorhanden war.

Über seine reichhaltigen übersinnlichen Erfahrungen und Erlebnisse hüllte er sich aber vier Jahrzehnte lang in Schweigen.

In seinen späteren Lebensjahren sagte er einmal, dass es ein okkultes Gesetz gebe, dass man über geistige Erkenntnisse erst dann öffentlich reden dürfe, nachdem man alles, was andere an solchen Erkenntnissen schon aufgenommen und dargestellt haben, selbst aufgenommen und verarbeitet habe.

Schnell erkannte er, dass man alle Erscheinungen und Tatsachen der Sinneswelt nur dann im wahren Licht sehen könne, wenn man ihre Ursachen und Hintergründe kennt, die man ausschließlich in geistigen Welten finden könne.

Nach dem Abitur studierte er von 1879 bis 1882 Mathematik, Naturwissenschaften, Literatur, Philosophie und Geschichte an der Technischen Hochschule in Wien. Zehn Jahre später promovierte er zum Doktor der Philosophie an der Universität Rostock.

Rudolf Steiner ging in seinen ersten Lebensjahrzehnten durch mancherlei seelische Prüfungen, bis es um die Wende zum 20. Jahrhundert zu einem für sein weiteres Leben entscheidenden Erlebnis kam, zu dem er in seinem Buch *»Mein Lebensgang«* schreibt: **»Auf das geistige Gestanden-Haben vor dem Mysterium von Golgatha in innerster ernstester Erkenntnis-Feier kam es bei meiner Seelen-Entwickelung an.«**[1]

Wir können uns vorstellen, dass diese innere Christusbegegnung wie eine gewaltige Frage vor seiner Seele stand, die Frage, ob er bereit sei, sein weiteres Leben in den Dienst Christi zu stellen. Wenn man auf seine rastlose Tätigkeit, seinen aufopfernden Dienst an der Menschheit in den folgenden rund 25 Jahren schaut, ist klar, dass er diese Frage mit einem uneingeschränkten »JA, ich will!« beantwortet hat.

Rudolf Steiner musste sich die Frage vorlegen, wie seine übersinnlichen Einsichten und Erkenntnisse mit den naturwissenschaftlichen Methoden und Ansichten, die das Bewusstsein der modernen Menschen beherrschten, zu vereinbaren seien.

Zunächst knüpfte er an die bis dahin nur wenig gewürdigten Erkenntnis-Ansätze in Goethes naturwissenschaftlichen Schriften an, bevor er mit der Darstellung seiner eigenen Erkenntnistheorie begann, die 1894 mit der Fertigstellung seines Werkes *»Philosophie der Freiheit«* ihren Abschluss fand. Mit dieser rein philosophischen Arbeit, in der er noch nicht auf irgendwelche okkulte Tatbestände Bezug nahm, zeigte er einen Weg auf, der die moderne Wissenschaft zur Anerkennung des Übersinnlichen führen kann.

Erst nach vielen Studien und vorbereitenden Tätigkeiten beendete er kurz nach der Jahrhundertwende im Alter von nun 40 Jahren sein Schweigen über seine übersinnlichen Erfahrungen und Erkenntnisse. Zunächst fand er nur in den Reihen der 1875 von *Helena Petrowna Blavatsky*, geb. *Hahn* (1831 bis 1891) und *Henry Steel Olcott* (1832 bis 1907) begründeten *Theosophischen Gesellschaft* eine geeignete Zuhörerschaft. Steiner wahrte stets seine völlige Selbständigkeit und stellte im Gegensatz zur üblichen theosophischen Lehre das »Christus-Ereignis« als den Mittelpunkt des Weltgeschehens dar. Ende 1912 trennte er sich von der Theosophischen Gesellschaft und gründete die *Anthroposophische Gesellschaft*. Nun konnte er seine geistige Unabhängigkeit und Selbständigkeit auch im Äußeren bewahren. In der Zwischenzeit hatte er eine Reihe von Büchern geschrieben, in denen er seine geistigen Forschungsergebnisse der Öffentlichkeit zugänglich machte.

Das Arbeitspensum, das er sich von nun an bis an sein Lebensende auferlegte, übersteigt jedes menschliche Vorstellungsvermögen. Dabei wurde er von der Einsicht angetrieben, dass es eine Notwendigkeit der gegenwärtigen Zeit sei, gesicherte geistige Erkenntnisse in die Welt zu bringen. Neben seinen weiteren permanenten Forschungen in der geistigen Welt und unzähligen anderen Aktivitäten fuhr er zu Vortragsreisen durch ganz Europa. Insgesamt hat er annähernd 6.000 Vorträge gehalten, in denen er seine umfassenden übersinnlichen Erkenntnisse und Forschungsergebnisse darstellte. Die Vorträge, die der breiten Öffentlichkeit zugänglich waren, wurden zum Teil von mehr als 2.000 Menschen besucht. Über intimere Erkenntnisse sprach er nur im Kreise der Anthroposophischen Gesellschaft, wo er davon ausgehen konnte, dass die Zuhörer schon durch andere Vorträge oder Kurse für diese Themen vorbereitet waren.

Selbstverständlich hat Rudolf Steiner nicht *alles*, über das er schrieb und sprach, *neu* entdeckt. Einiges von diesem Wissen war schon im Okkultismus und in den Geheimschulen früherer Kulturen bekannt. Er hat aber niemals irgendeine Erkenntnis unreflektiert übernommen. Erst nachdem er sie selbst gewissenhaft überprüft hat und als richtig anerkennen konnte, hat er sie publiziert.

Dutzende seiner Vorträge hielt er für bestimmte Berufsgruppen, die ihn darum baten, zu ihnen zu sprechen: Ärzte, Lehrer, Theologen, Landwirte usw. Hier sorgte er immer wieder mit seinem höchst erstaunlichen Fachwissen für Verwunderung. Neben allen seinen sonstigen Verpflichtungen und praktischen Betätigungen im Bereich der Kunst und Architektur nahm sich Rudolf Steiner noch nahezu täglich die Zeit, unzählig vielen Menschen, die mit Fragen und Sorgen zu ihm kamen, Rat zu geben. So konnte er vielen Menschen, die an einer Krankheit litten, Empfehlungen geben, die dann vielfach zu einer Gesundung führten. Insbesondere gab er Menschen, die sich auf den geistigen Schulungsweg begeben hatten und ihn darum baten, Übungen und Meditationstexte.

In der heutigen Zeit ist es sehr schwierig, die Heilige Schrift *richtig* lesen und *verstehen* zu können. Hier ist es gerade die Geisteswissenschaft Rudolf Steiners, die wieder zu einem rechten Verständnis der Bibel führen kann. Steiner ist bei all seinen Forschungen nie von den religiösen Urkunden *ausgegangen*. Erst jeweils im Nachhinein fand er die Resultate seiner Geistesschau sowie seines ›Lesens‹ in der sogenannten *»Akasha-Chronik«*, dem großen kosmischen Gedächtnis, für das er genau wie die Autoren der Bibel begnadet war, durch die Texte dieser Urkunden bestätigt. In einigen Fällen sah er sich veranlasst, Bibelverse etwas zu modifizieren oder neue Erkenntnisse hinzuzufügen. Damit hat er uns einen neuen Zugang zum Verständnis der Bibel ermöglicht.

Rudolf Steiner starb am 30. März 1925 in Dornach (Schweiz). Er hinterließ ein so umfassendes Lebenswerk, dass es noch Jahrhunderte dauern wird, bis es in seiner Gänze und all seinen Auswirkungen von der Menschheit überschaut und hinreichend gewürdigt werden kann. Zu seiner Hinterlassenschaft gehört ein Schriftgut, das mehr als 350 Bücher umfasst. Der weitaus größte Teil dieser Bücher stellt Nachschriften seines Vortragswerkes dar. Mit seiner Anthroposophie hat er der Welt etwas ganz Einzigartiges vermacht.

Jeder, der heute das Lebenswerk Rudolf Steiners auch nur einigermaßen zu überschauen vermag, muss sich zwangsläufig eine Frage stellen: Wie konnte es möglich sein, dass ein Mensch ein solch unfassbares Arbeitspensum bewältigen konnte? Zumindest den Ansatz einer Antwort können wir finden, wenn wir einen Aufsatz, den *Julie Klima* (1871 bis 1941) in der Erinnerung an ihre Begegnungen mit Rudolf Steiner geschrieben hat, heranziehen. Frau

Klima wurde wie so viele andere Zeitgenossen auch durch ihr Schicksal zur Anthroposophie geführt. Sie wohnte nicht nur zahlreichen Vorträgen des Geisteslehrers bei, sondern sie hatte auch das Glück, ihn und seine Gattin, *Marie Steiner*, geb. *von Sievers* (1867 bis 1948), mehrmals persönlich zu treffen und sie sogar einige Male in ihrem Haus bewirten zu dürfen. In diesem Aufsatz schreibt sie: *»Ich fragte Frau Doktor, wie es möglich sei, daß Herr Doktor so Enormes leistet, daß er Tausende von Menschen führt – wie sich das mit der Zeit vereinbare? Darauf antwortete mir Frau Doktor, daß die geistige Zeit dehnbar ist, und wenn Herr Doktor eingehe in die geistige Welt, dann leiste er in fünf Minuten, was in der physischen Welt nicht in fünf Wochen geleistet werden kann. Ferner, daß Herr Doktor meist nur eine Stunde in der Nacht schlafe.«*[2]

Dass Rudolf Steiner gerade zu Beginn des 20. Jahrhunderts von der geistigen Welt beauftragt wurde, den Menschen die Geisteswissenschaft zu bringen, ist gewiss kein ›Zufall‹. Im Jahre 1899 endete das sogenannte *»Kali Yuga«*, das »Finstere Zeitalter«, wie es in allen okkulten Traditionen genannt wird. Dieses Menschheitszeitalter dauerte insgesamt etwa 5.000 Jahre. In dieser Zeitspanne war es wichtig, dass der ›Schleier‹, der die geistige Welt von der Erdenwelt trennt, immer dichter, immer undurchsichtiger wurde. Die Menschen sollten immer mehr vor die Aufgabe gestellt werden, die Erde zu bearbeiten und die gesamte physische Welt zu verstehen. Somit musste auch das alte Hellsehen, das zuvor noch eine ganz natürliche menschliche Fähigkeit war, nach und nach verloren gehen. Die Menschen mussten von den Göttern unabhängig werden und ihre Selbständigkeit und Verstandeskräfte erringen.

Dazu war es auch notwendig, dass die Naturwissenschaften in die Welt kamen. Vor rund 2.400 Jahren war es *Aristoteles* (384 bis 322 v. Chr.), der mit seiner Begründung der *Logik* die Voraussetzungen bzw. Grundlagen für eine präzise und folgerichtige Erforschung der Natur schuf. Die Naturwissenschaften erreichten im 19. Jahrhundert ihren ersten großen Höhepunkt. Nun, nach Ablauf des Kali Yuga, wurde es notwendig, dass auch eine geistige Wissenschaft in die Welt kam.

Das war die gewaltige Lebensaufgabe Rudolf Steiners. Seine Anthroposophie ist keine okkulte Lehre im herkömmlichen Sinne. Sie verbindet das, was man über das Sinnliche wissen kann, mit dem, was an Erkenntnissen nur aus geistigen Welten geschöpft werden kann.

Rudolf Steiner sprach sich immer wieder entschieden gegen Dogmatismus aus, weil er jedwede Form von autoritativen Belehrungen als unzulässigen Eingriff in die menschliche Freiheit ansah. Daher wollte er für seine Anhänger auch niemals als ›Guru‹ gelten, dem man alle Aussagen nur aufgrund seiner persönlichen Autorität abnehmen sollte. Er forderte vielmehr immer wieder auf, seine Schilderungen mit allen zur Verfügung stehenden Mitteln kritisch zu hinterfragen und zu überprüfen. Die Lehren der Anthroposophie stehen weder im Widerspruch zu den Erkenntnissen der modernen Naturwissenschaften noch zu den Lehren des Christentums. Sie machen ganz im Gegenteil letztere erst so recht verständlich. Die Anthroposophie vermag es somit, die heute so große Kluft zwischen Wissen und Glauben zu überbrücken.

Es gibt im Übrigen eine ganze Reihe von Errungenschaften und Einrichtungen, die aus dem Mutterboden der Anthroposophie gewachsen sind. Diese sind zum Teil von Rudolf Steiner selbst begründet worden. Zumindest aber stand er denjenigen, die als Gründer auftraten, mit Rat und Tat zur Seite. Hierzu sind insbesondere die *Waldorfpädagogik* und die *Waldorfschulen*, die *anthroposophisch orientierte Medizin*, die *Eurythmie*, die *biologisch-dynamische Landwirtschaft* und die *Christengemeinschaft* (Bewegung für religiöse Erneuerung) zu zählen. In nicht-anthroposophischen Kreisen sind zumindest die Waldorfschulen bekannt. Heute gibt es über 1.100 solcher Schulen und rund 1.800 Waldorfkindergärten in 66 Ländern.

Tabellen

Die drei zukünftigen Wesensglieder des Menschen	Geistesmensch				
	Lebensgeist				
	Geistselbst				
Die vier Wesensglieder des heutigen Menschen	Ich				▓
	Astralleib			▓	
	Ätherleib		▓		
	physischer Leib	▓			
		Mineral	Pflanze	Tier	Mensch

Tabelle 1: **Die Wesensglieder des Menschen**

In dem Kapitel *»Der größte Irrtum«* werden die Wesensglieder des Menschen erläutert (☞ S. 19ff.).

Hierar-chie	Reich (Stufe)	christliche Bezeichnung	*alternative* Bezeichnung (*vorwiegend* nach Rudolf Steiner)	Herrschafts-gebiet
1.	1	**Seraphim**	Geister der Liebe	Tierkreis
	2	**Cherubim**	Geister der Harmonien	Tierkreis
	3	**Thronoi** (Throne)	Geister des Willens	Saturn-sphäre
2.	4	**Kyriotetes** (Herrschaften)	Geister der Weisheit, Weltenlenker	Jupiter-sphäre
	5	**Dynamis** (Mächte, Tugenden)	Geister der Bewegung, Weltenkräfte	Mars-sphäre
	6	**Exusiai** (Gewalten, Obrigkeiten)	Geister der Form, Offenbarer, Elohim (gemäß Genesis)	Sonnen-sphäre
3.	7	**Archai** (Urbeginne, Fürstentümer)	Geister der Persönlichkeit, Urengel, Urkräfte, Jamim (gemäß Genesis), **Zeitgeister**	Venus-sphäre
	8	**Archangeloi** (Erzengel)	Engel des Anfangs, Feuergeister, **Volksgeister**	Merkur-sphäre
	9	**Angeloi** (Engel)	Söhne des Lebens, Genius, Götterboten, **Schutzengel**	Monden-sphäre

Tabelle 2: **Die geistigen Wesen der höheren Hierarchien (Engelreiche)**

Wenn man heute über »Engel« spricht, so wird dieser Begriff häufig recht undifferenziert verwandt, so dass der Eindruck entstehen könnte, als wäre er eindeutig, als gäbe es nur *eine* Art von Engeln, als gäbe es nur *ein* Engelreich. Würde man *alle* Engel *einem einzigen* Reich zuordnen, so wäre das eine genauso unzulässige Vermischung, wie wenn man sagen würde: Mineralien, Pflanzen, Tiere und Menschen gehören auf der Erde zu ein und demselben Reich und es gibt keine Notwendigkeit zwischen diesen vier Arten von Wesenheiten zu differenzieren; sie sind im Grunde alle gleich oder zumindest ähnlich und haben gleiche oder ähnliche Fähigkeiten und Aufgaben. Eine solche Behauptung käme vermutlich jedem absurd vor.

Vielmehr muss man nicht weniger als *neun* verschiedene Reiche, Arten, Ordnungen, Kategorien oder Stufen von Engeln unterscheiden. Auch wenn der Vergleich etwas grob sein mag, so kann doch gesagt werden, dass der Unterschied zwischen den Wesen zweier benachbarter Engelreiche ebenso groß ist wie der zwischen Menschen und Tieren oder zwischen Tieren und Pflanzen.

Die Engelwesenheiten lassen sich in Abhängigkeit von ihrem Entwicklungsstand, ihrem Bewusstsein, ihren Fähigkeiten sowie ihren Aufgaben in *drei Hierarchien* unterteilen. Jede der drei Hierarchien wiederum lässt sich in *drei Stufen* oder *Reiche* untergliedern, so dass man insgesamt von neun Reichen sprechen muss. So wie das Reich der Menschen in der physischen Welt noch drei Reiche unter sich hat (Tierreich, Pflanzenreich und Mineralreich) hat es im Geistigen neun Reiche über sich.

Das unterste dieser geistigen Reiche ist das der ›eigentlichen‹ »Engel« oder »Angeloi«. Das Engelreich steht genau so um eine Stufe über dem Menschenreich wie dieses um eine Stufe über dem Tierreich steht. Darüber stehen die »Erzengel« oder »Archangeloi«, dann die »Urbeginne« oder »Archai«, die von Luther als Fürstentümer bezeichnet wurden. Das Reich der Archai steht somit um drei Stufen über dem Reich der Menschen, genau wie das wiederum um drei Stufen über dem Mineralreich steht. Diese drei Reiche ergeben die dritte Hierarchie. Diese ist die unterste Hierarchie.

Die zweite Hierarchie beginnt von unten mit den *»Exusiai«* (gemäß Luther Gewalten oder Obrigkeiten). Es folgen die *»Dynamis«*, die Luther mit Mächte oder Tugenden übersetzte. Auf der höchsten Stufe der zweiten Hierarchie stehen die *»Kyriotetes«* (gemäß Luther Herrschaften).

Die höchste Engelhierarchie, die erste Hierarchie, beginnt auf der untersten Stufe mit den *»Thronen«*. Dann kommen die *»Cherubim«* und schließlich noch die *»Seraphim«*.

Jedes dieser Engelreiche hat seine ganz konkreten Aufgaben im Rahmen der göttlichen Weltenordnung sowie seine ganz besonderen Fähigkeiten. Alle diese Wesen waren und sind auch stark an dem Entwicklungsprozess der Erde und der Menschheit beteiligt.

Alle diese höchst erhabenen geistigen Wesen der höheren Hierarchien, alle diese Himmelswesen könnte man durchaus auch als Götter bezeichnen, um zum Ausdruck zu bringen, dass sie hoch über dem Menschen stehen, dass sie eine viel größere Weisheit und viel größere Fähigkeiten aufweisen als der Mensch sie *heute* hat. Alles, was wir als Wirkungen in der Welt wahrnehmen können, sind Offenbarungen, die letztendlich von geistigen Wesenheiten – insbesondere denen der höheren Hierarchien – ausgehen. In dem Bewusstsein dieser Wesen liegen der Ursprungsquell und die eigentliche Substanz, aus der die Wirklichkeit gewoben ist.

Die göttlich-geistigen Wesen aller Engelreiche sind für uns Menschen von größter Bedeutung. Sie leisten unendlich viel, was uns zum Segen gereichen und unsere Entwicklung fördern kann. Das gilt auch für die Zeit, die wir zwischen Tod und neuer Geburt in den höheren Welten verbringen.

Sehr ausführliche und detaillierte Informationen über das Wesen und die konkreten Aufgaben dieser verschiedenen Engelwesenheiten finden Sie in unserem Buch *»Das Götterprojekt Mensch«* (☞ S. 179).

Welt		Region	Sphäre
Geisteswelt (Devachan, Himmel)	obere Geisteswelt	7. Region	Tierkreisregion, Fixsternhimmel
		6. Region	
		5. Region	
		4. Region	
	untere Geisteswelt	Luftregion	Saturnsphäre
		Meeresregion	Jupitersphäre
		Kontinentalregion	Marssphäre
Seelenwelt (Astralwelt)	obere Seelenwelt	Region des Seelenlebens	Sonnensphäre
		Region der tätigen Seelenkraft	Venussphäre
		Region des Seelenlichtes	Merkursphäre
	untere Seelenwelt (Kamaloka)	Region von Lust und Unlust	Mondensphäre
		Region der Wünsche	
		Region der fließenden Reizbarkeit	
		Region der Begierdenglut	

Tabelle 3: **Die Regionen in der Seelen- und Geisteswelt sowie die Planetensphären**

	Sphäre	Region	Erlebnisse		
Geisteswelt (Devachan, Himmel)	**Tier-kreis-Region** (Fixstern-Himmel)	4. bis 7. Region	stark abgedämpftes Bewusstsein bei den meisten Menschen; Mensch ist ganz auf sich konzentriert und hat ein erfülltes Erleben in seinem Inneren; die Kräfte des gesamten Kosmos können auf ihn wirken; alles, was er bisher erleben konnte, wird zu Wissen; der **Heilige Geist** erweckt ihn wieder; geistige Anlagen (›*Geistkeim*‹) des physischen Leibes werden bereits differenziert	**Erwerb des Rüstzeugs für neues Erdenleben**	**Weltenmitter-nacht**
	Saturn-sphäre	3. Region	**Selbsterkenntnis** entscheidet über Geselligkeit; Enthüllung des *Göttergedächtnisses*; Blick aufs letzte Erdenleben vom kosmischen Standpunkt; etwa die Hälfte des nachtodlichen Daseins ist vorüber	**Geistiges Hören nimmt immer mehr an Bedeutung zu**	
	Jupiter-sphäre	2. Region	Ausweitung des ›Bekanntenkreises‹; Wahrnehmung der *Göttergedanken*		
	Mars-sphäre	1. Region	**Spiritualität** entscheidet über Geselligkeit; alle Beziehungen zu Menschen werden hier noch einmal durchlebt; Vernehmen der *Göttersprache*; **Luzifer** wird zum Lichtträger		
Seelenwelt (Astralwelt)	**Sonnen-sphäre**	7. Region	Verständnis für das **Allgemein-Menschliche** entscheidet über Geselligkeit; allgemein-menschliches Zusammenleben; **Christus-Impuls** entscheidet über Helligkeit des Bewusstseins; **Christus** bewahrt die Erinnerungen; Beginn der Arbeit an den Urbildern der physischen Leiblichkeit; Arbeiten am Grundmuster des nächsten Erdenlebens	**letzte Läuterungen** / **Ausbildung der Kraft, durch welche sich das Karma ordnet**	**Wahrnehmung anderer Seelen in Visionen**
	Venus-sphäre	6. Region	**Religiosität** und **Liebesfähigkeit** entscheiden über Geselligkeit; Zusammenleben mit Menschen aus gleichen religiös-spirituellen Gemeinschaften		
	Merkur-sphäre	5. Region	**Moralität** entscheidet über Geselligkeit; Zusammenleben mit nahe stehenden Menschen; Wesen der **höheren Hierarchien** kommen mehr heran; mögliches Erleben einer ›Scheinwelt‹ gemäß den irdischen Vorstellungen		
	Monden-sphäre (Kama-loka) Dauer: etwa ein Drittel der Lebzeit	4. Region	**Läuterung** von der Illusion, dass der physische Körper das Selbstwertgefühl vermittelt; Ablegen des **Astralleibes**	**Erneutes Durchleben des letzten Erdenlebens** / **karmische Impulse werden keimartig veranlagt** / **Zusammenkunft mit Menschen aus gleichem Schicksalskreis**	
		3. Region	**Läuterung** von Wünschen, die nur auf Sinnliches bezogen sind		
		2. Region	**Läuterung** vom Denken, das nur auf Sinnliches bezogen ist		
		1. Region	**karmisches Gericht**; **Läuterung** von groben sinnlichen Begierden (wie z.B. Genusssucht)		
Ätherwelt	**Die ersten Tage nach dem Tod** (ca. 3 Tage)		**Innenwelt** wird ab jetzt zur **Außenwelt** und umgekehrt; **Lebens-rückschau** (emotionslos); Blick auf den Todesaugenblick als erhabenes Erlebnis; Ablegen des **Ätherleibes**		
	Todesaugenblick		helles Bewusstsein; **Engel** führt ins neue Dasein; mögliche Begegnung mit **Christus**		

Tabelle 4: **Die wichtigsten Erlebnisse nach dem Tod bis zur Weltenmitternacht**

Geisteswelt (Devachan, Himmel)	Tier-kreis-Region	Blick auf das *Menschheitsideal*	**Ende der Welten-mitternacht**	**Bewusstsein wird stufenweise herabgedämpft**	
	Saturn-sphäre	Wesen der **1. Hierarchie** gestalten das **Karma** aus; *Welten-* bzw. *Göttergedächtnis* wird in **Menschenge-dächtnis** umgewandelt			
	Jupiter-sphäre	*Göttergedanken* werden in **Menschengedanken** umgewandelt			
	Mars-sphäre	*Geistanlagen* des **Oberkörpers** und der **Gliedmaßen** werden angesetzt; *Göttersprache* wird in **Sprachfä-higkeit** und **Ich-Kraft** umgewandelt			
Seelenwelt (Astralwelt)	Sonnen-sphäre	Mensch erlebt sich wieder als ein **Selbst**; *geistige Anlage* des **Herzens** wird eingegliedert; Blick auf die **Generationenreihe**; Beurteilung durch Wesen der **2. Hierarchie**			**Götterkampf um die Menschenseele**
	Venus- und Merkur-sphäre	Entscheidung über **Volk** und **Familie** für neue Inkar-nation			
	Monden-sphäre	Eintritt in diese Sphäre fällt zusammen mit der **Emp-fängnis**; daher verbleibt der Mensch hier zehn Mon-denmonate; er zieht sich so zusammen, dass er sich mit dem physischen Menschenkeim vereinigen kann; *Bewusstseinskräfte* werden in **Wachstumskräfte** umgewandelt			

Tabelle 5: **Die wichtigsten Erlebnisse nach der Weltenmitternacht bis zur Empfängnis**

Ein Leser, der an einer ausführlichen Darstellung dessen interessiert ist, was der Menschen bei seinem Aufstieg und anschließend bei seinem Abstieg durch die Planetensphären erlebt und erfährt, sei nochmals auf unser Buch *»Das Götterprojekt Mensch«* verwiesen (☞ S. 179).

Gedicht

Der Weltenpilger

Tragt ihr mich einst hinaus, sprecht nicht: »Zur ew'gen Ruh!«
Legt mir zum Pilgerkleid ins Grab zwei Wanderschuh!

Drei Tage halt ich Rast, dann schreit ich meinen Weg,
Hie Gletscher und hie Glut: schmal ist der Geistersteg.

Die Höhenluft ist gut; ich werde bald gesunden.
Mein Schritt steigt erdbefreit durch sieben Sternenrunden.

Ich trug ein Erdgewand; es war nicht fleckenrein.
Im Tau der Mondenflut wird's bald geläutert sein.

Geh ich den Büßerpfad, getreu der Silberspur –
Leiht meinem Pilgerschritt die Flügelschuh Merkur.

Des Weges Müdigkeit weicht frohem Geisterschwung:
Der Venus Gnade strahlt und macht den Pilger jung.

Wie Rosen glutverklärt, wie Lilien kinderrein –
Kehrt durch das Sonnentor die Menschenseele ein.

Der Sonnen-Engel winkt: Empfange Speer und Schild!
Dich ruft zum Weltenkampf das weite Marsgefild!

Willst Du, ein Menschengeist, zu Weltengeist erwachen –
Am Glanz des Jupiter musst du dein Licht entfachen!

Der Tod und Leben eint, Saturn wahrt ew'gen Hort,
Aus Schweigen reift Geburt: »Im Anfang war das Wort.«

Das Weltenwort erklingt aus allen Sternengründen,
Die ew'ge Geistgestalt dem Sterben zu entbinden.

So wächst des Menschen Geist, am Gotteslicht verklärt,
Bis er im Liebesdrang zur Erde wiederkehrt.

Er kennt nicht »ew'ge Ruh«, – ihm ziemt das Pilgerkleid,
Dazu zwei Wanderschuh: zum Schicksalsgang bereit.

Rudolf Meyer [3]

Sprüche für Verstorbene von Rudolf Steiner

Im Folgenden werden noch einmal die Gebetssprüche, die Rudolf Steiner für Verstorbene gegeben hat, aufgelistet, soweit sie in diesem Buch verwendet worden sind. Erläutert wurden sie im Kapitel »Der 7. Irrtum«. Dort finden sich auch die Quellenangaben.

Unsre Liebe folge Dir,
Seele, die da lebt im Geist,
die ihr Erdenleben schaut;
schauend sich als Geist erkennt.
Und was Dir im Seelenland
denkend als Dein Selbst erscheint,
nehme unsre Liebe hin,
auf daß wir in Dir uns fühlen,
Du in unsrer Seele findest,
was mit Dir in Treue lebet.

(Zur Erläuterung des Spruches ☛ Kapitel »Der 7. Irrtum«, S. 113f.)

Unsere Liebe sei den Hüllen,
die Dich jetzt umgeben –
kühlend alle Wärme,
wärmend alle Kälte –
opfernd einverwoben!
Lebe liebgetragen,
Licht beschenkt nach oben!

(Zur Erläuterung des Spruches ☛ Kapitel »Der 7. Irrtum«, S. 123f.)

Es empfangen Angeloi, Archangeloi, Archai
im Ätherweben
das Schicksalsnetz des Menschen.

Es verwesen in Exusiai, Dynamis, Kyriotetes
im Astralempfinden des Kosmos
die gerechten Folgen des Erdenlebens des Menschen.

Es auferstehen in Thronen, Cherubim, Seraphim
als deren Tatenwesen
die gerechten Ausgestaltungen des Erdenlebens des Menschen.

(Zur Erläuterung des Spruches ☞ Kapitel »Der 7. Irrtum«, S. 124f.)

Geister Eurer Seelen, wirkende Wächter,
Eure Schwingen mögen bringen
unserer Seelen bittende Liebe
Eurer Hut vertrauten Sphärenmenschen,
daß, mit Eurer Macht geeint,
unsere Bitte helfend strahle
den Seelen, die sie liebend sucht.

(Zur Erläuterung des Spruches ☞ Kapitel »Der 7. Irrtum«, S. 135f.)

Ich versenke mich in die tiefsten Seelenkräfte in mir,
Da lebe ich fühlend in dem Ewigen meiner Seele.
Wie der Punkt ohne Ausdehnung in dem Kreise,
So ist die ewige Seele ohne leibliches Wesen in mir.
Mit diesem leiblosen ewigen Wesen gedenke ich
helfend im Geiste <u>N.N.</u>
Die Kraft, du selbst zu sein, erstarke in dir.
Das Licht, das in deinem eigenen Inneren leuchtet,
belebe sich in dir.
Die Seelenwärme, die aus deinem eigenen Geiste strahlt,
durchwärme dich.

(Zur Erläuterung des Spruches ☞ Kapitel »Der 7. Irrtum«, S. 137)

Sprüche für Menschen, die sich selbst das Leben genommen haben

Dein Wille war schwach
Stärke Deinen Willen
Ich schicke Dir
Wärme für Deine Kälte
Ich schicke Dir
Licht für Deine Finsternis
Meine Liebe Dir
Mein Gedanke Dir
Werde weiter.

(Zur Erläuterung des Spruches ☛ Kapitel »Der 7. Irrtum«, S. 144)

Seele im Seelenlande
suche des Christus Gnade,
die dir die Hilfe bringet,
die Hilfe aus Geisterlanden,
die auch jenen Geistern Friede
verleiht, die im friedelosen
Erleben verzweifeln wollen.

(Zur Erläuterung des Spruches ☛ Kapitel »Der 7. Irrtum«, S. 144)

Quellennachweis

Bei den Werken Rudolf Steiners sind im Quellennachweis die offiziellen Nummern der Gesamtausgabe (GA-Nr.) verwendet worden. Die kompletten Angaben zu allen Werken, soweit sie für dieses Buch relevant waren, finden Sie im Literaturverzeichnis.

Vorwort

1 GA 140, S. 214

Der größte Irrtum

1 Über die Wesensglieder des Menschen hat Rudolf Steiner sehr häufig geschrieben und gesprochen; siehe etwa GA 9, S. 24ff. und GA 13, S. 41f.

Der 2. Irrtum

1 Lukas, 16, 19ff.
2 GA 107, S. 251
3 GA 106, S. 156
4 *»Katechismus der katholischen Kirche«*, Nr. 1022, S. 292
5 *»Katechismus der katholischen Kirche«*, Nr. 1023, S. 292
6 *»Katechismus der katholischen Kirche«*, Nr. 1024, S. 293
7 *»Katechismus der katholischen Kirche«*, Nr. 1026, S. 293
8 *»Katechismus der katholischen Kirche«*, Nr. 1027, S. 293
9 *»Katechismus der katholischen Kirche«*, Nr. 1033, S. 295
10 *»Katechismus der katholischen Kirche«*, Nr. 1035, S. 295
11 *»Katechismus der katholischen Kirche«*, Nr. 1030, S. 294
12 *»Katechismus der katholischen Kirche«*, Nr. 1031, S. 294
13 Offenbarung 21, 1f.

Der 3. Irrtum

1 GA 168, S. 17
2 Paxino, Dr., Iris: *Brücken zwischen Leben und Tod – Begegnungen mit Verstorbenen.* Stuttgart: Freies Geistesleben (2018), S. 37

3 vgl. GA 153, S. 145
4 GA 153, S. 146
5 vgl. GA 239, S. 133
6 GA 224, S. 57
7 GA 99, S. 38
8 vgl. GA 163, S. 136f.
9 GA 107, S. 92
10 GA 9, S. 115f.
11 Matthäus 18, 3
12 GA 243, S. 64
13 GA 94, S. 151
14 vgl. GA 140, S. 306
15 GA 108, S. 57f.

Der 4. Irrtum

1 GA 178, S. 176f.
2 GA 178, S. 176
3 vgl. Paxino, Dr., Iris: *Brücken zwischen Leben und Tod – Begegnungen mit Verstorbenen.* Stuttgart: Freies Geistesleben (2018), S. 37
4 vgl. etwa GA 9, S. 111
5 GA 108, S. 57
6 GA 99, S. 74
7 vgl. GA 94, S. 151
8 GA 140, S. 131

Der 5. Irrtum

1 GA 95, S. 50
2 GA 100, S. 66
3 vgl. GA 141, S. 162ff.
4 vgl. GA 140, S. 168ff.
5 GA 140, S. 219
6 GA 254, S. 129f.
7 GA 163, S. 120

Der 6. Irrtum

1 GA 168, S. 125
2 GA 343, S. 487

3 GA 174, S.190
4 GA 141, S. 62
5 GA 168 S. 186
6 GA 174b, S. 270f.
7 GA 168, S. 205
8 GA 168, S. 210f.
9 GA 155, S. 32f.
10 GA 168, S. 194

Der 7. Irrtum

1 vgl. GA 96, S. 219
2 Steiner, Rudolf: *Der Tod – die andere Seite des Lebens* (Sonderausgabe, 1994), S. 45
3 GA 343, S. 496
4 GA 130, S.185
5 GA 207, S.159
6 GA 35, S.196f.
7 Steiner, Rudolf: *Der Tod – die andere Seite des Lebens* (Sonderausgabe, 1994), S. 16
8 vgl. Steiner, Rudolf: *Der Tod – die andere Seite des Lebens* (Sonderausgabe, 1994), S. 15
9 GA 157a, S. 81
10 Steiner, Rudolf: *Der Tod – die andere Seite des Lebens* (Sonderausgabe, 1994), S. 37
11 vgl. Steiner, Rudolf: *Der Tod – die andere Seite des Lebens* (Sonderausgabe, 1994), S. 38
12 GA 237, S. 38
13 Steiner, Rudolf: *Der Tod – die andere Seite des Lebens* (Sonderausgabe, 1994), S. 20
14 GA 343, S. 491
15 GA 181, S. 118
16 vgl. GA 154, S. 51
17 GA 140, S. 330
18 GA 140, S. 292
19 GA 175, S. 68
20 GA 174a, S. 214f.
21 vgl. GA 141, S. 55ff.
22 GA 179, S. 56
23 GA 95, S. 151
24 vgl. Steiner, Rudolf: *Der Tod – die andere Seite des Lebens* (Sonderausgabe, 1994), S. 20

25 Steiner, Rudolf: *Der Tod – die andere Seite des Lebens* (Sonderausgabe, 1994), S. 42
26 entnommen aus Hausen, Ursula: *Den Tod als Freund erleben lernen – Begleitung im Sterben und darüber hinaus.* Stuttgart: Freies Geistesleben & Urachhaus (2003), S. 149
27 GA 268, S. 191
28 GA 179, S. 57f.
29 vgl. GA 141, S. 56
30 GA 140, S. 305f.
31 Paxino, Dr., Iris: *Brücken zwischen Leben und Tod – Begegnungen mit Verstorbenen.* Stuttgart: Freies Geistesleben (2018), S. 48
32 vgl. GA 9, S. 116
33 entnommenaus Boogert, Arie: *Wir und unsere Toten.* Stuttgart: Urachhaus (1993), S. 120
34 GA 140, S. 267
35 GA 140, S. 267f.
36 GA 140, S. 268

Schlusswort

1 Bildzeitung vom 05.04.2005, S. 4
2 GA 97, S. 31
3 vgl. GA 141, S. 154f.
4 GA 183, S. 160f.
5 GA 107, S. 257f.

Anhang

1 GA 28, S. 366
2 Klima, Julie; veröffentlicht in Polzer-Hoditz, Ludwig: *Erinnerungen an Rudolf Steiner.* Dornach: Verlag am Goetheanum (1985), S. 292
3 entnommen aus Hausen, Ursula: *Den Tod als Freund erleben lernen – Begleitung im Sterben und darüber hinaus.* Stuttgart: Freies Geistesleben & Urachhaus (2003), S. 127

Literaturverzeichnis

Werke von Rudolf Steiner

Alle Werke von Rudolf Steiner wurden herausgegeben von der *»Rudolf Steiner-Nachlassverwaltung«* und sind im *»Rudolf Steiner Verlag«*, Dornach/Schweiz erschienen. Dort kann auch der *»Katalog des Gesamtwerks«* angefordert werden.

Die bisher im Rahmen der Gesamtausgabe des Werkes Rudolf Steiners erschienenen Bücher sind durch die »Freie Verwaltung des Nachlasses von Rudolf Steiner« im Internet unter

http://www.fvn-rs.net

frei verfügbar. (Stand 01.10.2021)

Im Folgenden sind nur diejenigen Werke aufgeführt, die der Verfasser für dieses Buch herangezogen hat.

GA	9	*Theosophie – Einführung in übersinnliche Welterkenntnis und Menschenbestimmung* (2000)
GA	13	*Die Geheimwissenschaft im Umriss* (1989)
GA	28	*Mein Lebensgang – Eine nicht vollendete Autobiographie 1925* (2000)
GA	35	*Philosophie und Anthroposophie – Gesammelte Aufsätze 1904-1923* (1984)
GA	94	*Kosmogonie – Populärer Okkultismus – Das Johannes-Evangelium – Die Theosophie anhand des Johannes-Evangeliums* (2001)
GA	95	*Vor dem Tore der Theosophie* (1990)
GA	96	*Ursprungsimpulse der Geisteswissenschaft – Christliche Esoterik im Lichte neuer Geist-Erkenntnis* (1989)
GA	97	*Das christliche Mysterium – Die Wahrheitssprache der Evangelien – Luzifer und Christus – Alte Esoterik und Rosenkreuzertum – Erkenntnisse und Lebensfrüchte der Geisteswissenschaft* (1998)
GA	99	*Die Theosophie des Rosenkreuzers* (1985)

GA 100 *Menschheitsentwickelung und Christus-Erkenntnis – Theosophie und Rosenkreuzertum – Das Johannes-Evangelium* (1981)

GA 106 *Ägyptische Mythen und Mysterien im Verhältnis zu den wirkenden Geisteskräften der Gegenwart* (1992)

GA 107 *Geisteswissenschaftliche Menschenkunde* (1988)

GA 108 *Die Beantwortung von Welt- und Lebensfragen durch Anthroposophie* (1986)

GA 130 *Das esoterische Christentum und die geistige Führung der Menschheit* (1995)

GA 140 *Okkulte Untersuchungen über das Leben zwischen Tod und neuer Geburt – Die lebendige Wechselwirkung zwischen Lebenden und Toten* (2003)

GA 141 *Das Leben zwischen dem Tode und der neuen Geburt im Verhältnis zu den kosmischen Tatsachen* (1997)

GA 153 *Inneres Wesen des Menschen und Leben zwischen Tod und neuer Geburt* (1997)

GA 154 *Wie erwirbt man sich Verständnis für die geistige Welt? – Das Einfließen geistiger Impulse aus der Welt der Verstorbenen* (1985)

GA 155 *Christus und die menschliche Seele – Über den Sinn des Lebens – Theosophische Moral – Anthroposophie und Christentum* (1994)

GA 157a *Schicksalsbildung und Leben nach dem Tode* (1981)

GA 163 *Zufall, Notwendigkeit und Vorsehung – Imaginative Erkenntnis und Vorgänge nach dem Tode* (1986)

GA 168 *Die Verbindung zwischen Lebenden und Toten* (1995)

GA 174 *Zeitgeschichtliche Betrachtungen – Das Karma der Unwahrhaftigkeit* (1983)

GA 174a *Mitteleuropa zwischen Ost und West – Kosmische und menschliche Geschichte – Sechster Band* (1982)

GA 174b *Die geistigen Hintergründe des Ersten Weltkrieges – Kosmische und menschliche Geschichte – Siebenter Band* (1994)

GA 175 *Bausteine zu einer Erkenntnis des Mysteriums von Golgatha – Kosmische und menschliche Metamorphose* (1996)

GA 178 *Individuelle Geistwesen und ihr Wirken in der Seele des Menschen* (1992)

GA 179 *Geschichtliche Notwendigkeit und Freiheit – Schicksalseinwirkungen aus der Welt der Toten* (1993)

GA 181 *Erdensterben und Weltenleben – Anthroposophische Lebensgaben – Bewußtseins-Notwendigkeiten für Gegenwart und Zukunft* (1991)

GA 183 *Die Wissenschaft vom Werden des Menschen* (1990)

GA 207 *Der Mensch in seinem Zusammenhang mit dem Kosmos – Anthroposophie als Kosmosophie* (1990)

GA 224 *Die menschliche Seele in ihrem Zusammenhang mit göttlich-geistigen Individualitäten – Die Verinnerlichung der Jahresfeste* (1992)

GA 237 *Esoterische Betrachtungen karmischer Zusammenhänge – Dritter Band – Die karmischen Zusammenhänge der anthroposophischen Bewegung* (1991)

GA 239 *Esoterische Betrachtungen karmischer Zusammenhänge – Fünfter Band* (1985)

GA 243 *Das Initiaten-Bewußtsein – Die wahren und die falschen Wege der geistigen Forschung* (1993)

GA 254 *Die okkulte Bewegung im neunzehnten Jahrhundert und ihre Beziehung zur Weltkultur* (1986)

GA 268 *Mantrische Sprüche – Seelenübungen II, 1903-1925* (1999)

GA 343 *Vorträge und Kurse über christlich-religiöses Wirken* (1993)

Buchempfehlung

Um den Rahmen, den wir uns mit dem vorliegenden Buch gesetzt haben, nicht zu übersteigen, konnten die Themen der Kapitel »Der größte Irrtum« und »Der 3. Irrtum« nur in recht kurzer und mehr aphoristischer Form behandelt werden.

Einem Leser, der dazu umfassendere Informationen wünscht, kann das folgende Buch empfohlen werden:

Das Götterprojekt »Mensch«

Entstehung, Wesen und Ziel des Menschen

Einführung in die grundlegenden Erkenntnisse der Anthroposophie Rudolf Steiners

© Justen, Josef F. (2021)
BoD-Books on Demand, Norderstedt 2019
ISBN: 978-3-7534-6343-8
Hardcover; 632 Seiten (17 × 22 cm); 28,99 €

Inhaltsübersicht

1 **Einleitung – Die Ideologie des Materialismus**
2 **Das Wesen des Menschen**
3 **Übersinnliche Welten und ihre Wahrnehmung**
4 **Übersinnliche Wesen**
5 **Reinkarnation und Karma**
6 **Der göttliche Weltenplan**
7 **Von Jesus zu Christus**
8 **Das Leben des Menschen zwischen Tod und neuer Geburt**

Selbstverständlich werden in diesem Buch noch viele weitere Themen ausführlich dargestellt.

<u>Vorankündigung</u>

Ende 2021 erscheint unser neues Buch

**Über das Leben und Wirken
der sogenannten »Toten«**

In diesem neuen Buch werden viele der spirituellen Wahrheiten, die in dem vorliegenden Werk in sachlicher Form geschildert wurden, in spannende Geschichten verpackt.

Diese eignen sich insbesondere auch, um sie älteren Menschen sowie solchen, die schon nahe an der Pforte des Todes stehen, vorzulesen.

****

**Umfassende Informationen
zu diesen beiden und
vielen weiteren Büchern
von Josef F. Justen
(Sachbücher, Erzählungen,
Biografien und Kurzgeschichten)
mit ausführlichen Leseproben
finden Sie auf der
offiziellen Autoren-Website:**

www.Justen-Buecher.com